10年後に後悔しない保険の選び方・使い方

西藤広一郎
株式会社 RKコンサルティング 代表取締役

長崎 亮
株式会社 RKコンサルティング 取締役専務

RK CONSULTING

GENTOSHA
幻冬舎

はじめに

西藤広一郎（株式会社ＲＫコンサルティング 代表取締役）

“あたたかさ”が欠かせない保険のプランニング

保険は、そもそも、あたたかい。
あなたの人生に、ほんとうの保険のチカラを。

これは、当社の名刺に書き添えている、私たちの想いです。私たちのようなプロの保険代理店は、数十の保険会社の中から、それぞれのお客様に合った商品を選りすぐるのが第一の使命です。

ＩＴが発達し、商品の組み合わせはパソコンやインターネットで誰でも簡単にできる時

代になりましたが、私たちにとって保険とは、お客様に対する思い入れ抜きにプランニングすることのできない、ノウハウや技術、経験といった要素以上に〝あたたかさ〟が欠かせないものだと考えています。

仮にパソコン上で、お客様に対する思い入れもなく設計するのであれば、お客様自身がネットで保険に入るのとなんら変わりがありません。だからこそ私たちは、お客様にお会いして、その方の人生観や生き方を知るところから始めているのです。

その上で、「この方は何のために保険に入るのか？」をとことん突き詰めて考えます。その部分をないがしろにすると、いざ保険が必要になった際に、保障が不十分な事態もあり得るのです。

例えば、お客様の立場からすれば、保険の掛け金は少しでも抑えたいというのが本音だと思います。そのままお客様のご要望通りにすることで、契約はスムーズに進むかもしれません。おすすめしていた5000万円の死亡保障を4000万円に減額するのは、パソコン上のワンクリックで済んでしまいます。

けれども万一のことが起こったとき、ご家族のもとに届けられる保険金が5000万円と4000万円とでは、1000万円もの違いがあるわけです。月々わずかな掛け金の差とワンクリックが、残されたご家族の生活に与える影響はとてつもなく大きいのです。

実際にこの仕事を長くしていると、ご契約いただいていたお客様がお亡くなりになり、保険金の支払い手続きに立ち会うことがあります。その際に、ご家族の方々から「ありがとう。おかげで助かりました」と仰っていただくのですが、実はそんなお言葉をいただくたびに、私たちは毎回、ほんとうに心苦しい思いでいっぱいになります。

「もっとできることがあったのではないか？」

「ほんとうに、この保障で十分だったのだろうか？」

そう思わないときはないと言っても過言ではありません。

保険は万一のときに初めて役に立つものです。〝万一〟というくらいですから、もちろん、そうはならない確率のほうが高いので、お客様はどうしても掛け金に目が向きます。でも、だからこそ私たちは、その〝万一〟のリスクや、掛け金を少しだけ上乗せした1000万円の価値などについて、あえてお話しする義務があるのです。

新しい「保険の入り方」と私たちがこだわる「訪問販売」

最近では、保険会社専属のセールスパーソンが職場に足しげく通って勧誘する昔ながらのスタイル以外にも、保険の入り方の選択肢はずいぶん広がりました。ショッピングモールやロードサイドに店を構える保険ショップ、郵便で資料請求や申し込みができる通信販売、ウェブ上で手続きが完結するネット保険、オペレーターと電話で話しながら保険加入できるテレマーケティングなど、お客様の都合に合わせて保険の入り方が選べる時代なのです。

そんな中、〝あたたかさ〟のある保険プランニングをコンセプトに掲げる私たちは、ご自宅や職場などで直接お客様にお会いする訪問販売スタイルにこだわっています。

昨今急増している保険ショップをドラッグストアにたとえるなら、私たちは医師といえるでしょう。「頭が痛い」と言えば、頭痛薬を出すのがドラッグストアです。それは、お客様に「安い医療保険ありませんか？」と尋ねられた保険ショップのスタッフが、パソコンの画面を見ながら「これとこれがあります」と応対しているのと似ています。

しかし医師ならば、「なぜ頭痛がするのか」を考え、その要因を解消する処方箋を出すはずです。

「安い医療保険に入りたい」というお客様にすべき本来の対応は、「何のために保険に入るのか？」という理由を、まず掘り下げること。単にお金を節約したいからなのか？　加入中の保険の見直しなのか？　当面の保障があれば十分なのか？　こうしたお客様に限って、もしかしたら根本的な保険の見直しが必要なのかもしれません。

保険の種類は実に多く、また新しい商品が次々に出てくるため、宣伝文句に踊らされたお客様は「安くて新しい保険に切り替えたい」というニーズに終始してしまいがちです。保険はお客様の人生を守るもの。商品選択以前に、お客様の事情を深く理解すべきであり、決して安易なワンクリックで済ませてはならないものです。だからこそ、私たちは、お客様との対話を重んじる訪問販売というスタイルにこだわっているのです。

「死亡リスク」以上に危険な「生存リスク」

生命保険で備えるべきは本来、「現役時代」と「リタイア後」の双方ですが、多くのお客様は保険というと、現役時代ばかりに関心が向きがちです。もちろん、一家の大黒柱が働き盛りの時期に亡くなってしまうような場合に備える死亡保障は大切なのですが、むしろ備えるべき期間が長い、リタイア後のほうこそ大切なのです。

日本は今後ますます長寿社会となり、60歳で定年退職したとすると、90歳まで30年間の生活費を考えておかないといけない時代です。30年間といえば、30歳から60歳までと同じ長さです。現役時代の「死亡リスク」同様、リタイア後の「生存リスク」にも備えないといけないのです。

年金問題も我が国にとって、依然深刻な課題です。このままでは、高齢者の貧困層が増加し続けることは免れません。いくら国に責任があると文句を言ったところで、実際にそうなってしまえば、自助努力が足りなかったと泣き寝入りする他ないでしょう。

そこで私たちは、お客様のもとを訪ねてはお話を伺い、年表形式のライフプラン表とキャッシュフロー表を作り、「ここでこんなライフイベントがあります。キャッシュフロー上、ここで資金が不足する恐れがあるので、この保険で備えましょう」というように、将来のリスクをお伝えしています。

なかには、「話は理解できるけど、そんな先のことはまだ考えられない」「もう少し先になってから考えたい」というように実感が湧かないお客様も少なくありません。そんなときは、「30年といえば『笑っていいとも！』の放送開始から終了までの期間とだいたい同じです」などとたとえ話を交えながら、老後の30年の長さをイメージしていただいています。私たちのお客様である以上、10年後……いいえ、30年後に後悔してほしくはないのです。

この本で一番にお伝えしたいこと

もしも一般のお客様が、いつも保険に関心を持ち、現在加入中の保険に関することから、最新の商品情報までご存じなのであれば、私たちは必要のない存在です。けれども、それは現実的な話ではありません。

というのも、世の中には何十もの保険会社があり、何百もの保険商品があるのです。「保険ランキング」のような本が定期的に書店に並ぶのも、保険商品の入れ替えや付帯サービスの変更が激しいことの表れともいえます。そして、そのような本をどんなに熟読したとしても、その知識は1年後には役に立たなくなってしまいます。

つまり、保険の見直しを一生のうちに数回程度しか経験しないお客様にとっては、保険のお勉強はあまり意味がありません。この本でも、保険の大枠を少しでもご理解いただくための基礎知識は掲載していますが、一番にお伝えしたいのは、保険はお客様の人生において必ず助けとなる、あたたかいものだということに尽きます。

私自身、保険の世界に長く身を置いていますが、正直申し上げて、保障や貯蓄がいくらあれば安心した老後を迎えられるのか、わかりません。年金がどうなるかわからないし、インフレが今後どうなるのかもわからない。結局、正解はないのかもしれませんが、少なくとも、備えなしには大きなリスクをはらんだ、危ない未来が待ち受けていることは、お伝えし続けるしかないと思っています。

ある意味、多くのお客様の将来を担っているともいえるこの仕事の責任感と義務感を思うと、私たちはとんでもないことをしているのだと自戒します。それでも私たちは、お客様が抱える将来リスクの一助となりたい。保険という仕事と出会った以上、全うしたい。その決意の一里塚として、この本を上梓させていただきました。

この本をきっかけに、将来へ向けた前向きな備えについて考え始める方々が一人でも増えれば、これに勝る喜びはありません。あなたの未来について、お話を伺えるその日を、私たちは心より楽しみにしております。

10年後に後悔しない保険の選び方・使い方

—目次—

第1章 今すぐ使える！お金の話

第2章

保険の選び方

第3章

保険の使い方

装幀／石川直美（カメガイ デザイン オフィス）
編集協力／高橋浩史
垣畑光哉（リスナーズ株式会社）
写真／江島暢祐
ヘアメイク／長田恵子
美玲（有限会社アクロシェ・クール）
DTP・図版／美創

第1章

今すぐ使える！

お金の話

なぜ、お金のことを考える必要があるのか

お金を貯めるためのちょっとしたコツ

お金はどうやって増やしていくのか

貯めたお金は守ることも大切！

今どきの保険活用術

ファイナンシャル・プランニングを考える

なぜ、お金のことを考える必要があるのか

――長生きを〝リスク〟にしないためにはどうすればよいのか？

皆さんは、毎日の生活を生き生きと過ごすことができていますか？何の不安もなく、楽しく過ごすことができれば、それが理想ですね。しかし、今の生活は満たされているとしても、視線を将来に向けたときはどうでしょう。皆さんの30年後、40年後、定年後の生活を考えたことはありますか。

今、日本人の平均寿命は男性80・2歳、女性が86・6歳と、男女共に80歳を超えています（厚生労働省「平成25年　簡易生命表」）。そして、もうひとつ「平均余命」というものがあります。平均余命というのは、ある年齢の人が平均して何年生きることができるかを表すもの。この平均余命で見てみると、60歳時の平均余命は、男性23・1年、女性28・5年です。60歳まで生きた男性は平均して約23年間、女性は同じく約28年間の人生があり、

いわば〝人生90年時代〟になりつつあるのです。

このように、皆さんが60歳で定年を迎えてその後働かなかったとしても、まだ30年近くの人生が待っている……。ひと口に30年といっても、ピンと来ないかもしれません。例えば、今から30年前のことを考えてみてください。30年前は西暦でいうと1985年です。あの頃はどのような時代だったか思い出すことはできますか？

今でこそ携帯電話やスマートフォンは毎日の生活に欠かすことのできないものになりましたが、30年前には掌《てのひら》に収まるような小型の携帯端末はありませんでした。携帯電話のルーツともいえる「ショルダーフォン（ＮＴＴ）」が発売されたのが1985年ですから、ようやく電話機を持ち運ぶ文化が芽生えたのが30年前なのです。この他、国際科学技術博覧会（つくば科学万博）の開催や、関越自動車道が全通したのも1985年でした。

こうして考えてみると、30年前というのはずいぶん昔のことのように感じるのではないでしょうか。つまり、30年はそれくらい長い時間なのです。定年後、何もしなくてもそれだけ多くの時間が皆さんを待っていることをデータは物語っています。

ただし、長生きで生活していくためには「お金」が必要です。仮に老後を毎月25万円で30年間生活する場合、9000万円が必要です。この間働いていなければ、主な収入源は国からの年金ですが、公的年金だけで老後の生活をカバーすることは難しいのが現状です（後述の「老後に必要なお金はいくらなのか」参照）。

健康で長生きするのは嬉しいことですが、生活していくためのお金を準備しておかないと、生活上のリスクにもなり得ます。長生きをリスクにしないためには、現役のときに働いて得た収入を、老後生活のために少しでも多く残しておきたいもの。そのためには、少しだけお金に関する知識を身につけて、将来のライフプランやマネープランを立てておくことが大切なのです。

――生き方や働き方への価値観の変化

ライフプランやマネープランを考える前に、昔と今の、私たちを取り巻く環境の変化について見てみましょう。

かつては学校を卒業して会社に就職すれば、定年までひとつの会社で働く終身雇用が当たり前の時代。年齢に応じて役職や給与も上がっていき、定年になれば退職金をもらって現役生活を終えるというのが、一般的な働き方でした。

ところが、今では働くことの価値観が多様化し、必ずしもひとつの会社で定年まで働くのではなく、働きがいやスキルアップを求めて転職を重ねることが、普通のこととなりました。会社側も年功序列から成果主義へのシフトが進み、終身雇用のモデルは揺らぎ始めています。

そして、国の社会保障制度を見ても、公的保険制度である健康保険や介護保険の自己負担割合は上昇し、公的年金についても支給開始年齢の引き上げが進んでいます。60歳から年金が受け取れた時代は終わり、今は65歳支給に向けて段階的に支給開始年齢が上がっているところです。また、年金の支給額についても、物価上昇分と同じには上がっていかない仕組みが導入されています。

つまり、かつては国や会社が決めたレールの上を走っていれば、とくに心配のない時代でした。しかし、今は違います。働き方や資産の作り方、将来の生活資金について国や会社に頼るだけでは安心できない時代になってきているといえるでしょう。

――少子高齢化、平均寿命の伸びや物価上昇の影響は？

もうひとつ、社会の変化で大切なことがあります。それは少子高齢化です。

日本の人口を３つの年齢区分に分けて見てみると、「15歳未満」13・２％、「15〜64歳」63・８％、「65歳以上」23・０％で、子どもよりも高齢者のほうが多いのが日本の現状です。昭和40年で見ると、「15歳未満」25・７％、「65歳以上」６・３％で、高齢者の割合は45年間で約３・６倍になりました（総務省「国勢調査」平成22年）。

では、少子高齢化でどのような問題が起きるのか？

一般的に、高齢になると収入は公的年金が中心となりますし、加齢に伴って病気やけがをしやすくなります。そのため、公的年金をもらう人や公的医療保険を使う人も増えてきます。つまり、国の社会保障に関する支出が増えることが予想されます。

国の社会保障費は、主に現役で働く人たちが支払う年金保険料や健康保険料で賄《まかな》っていますから、働く人たちが減ってくれば、それらの収入が減って国の社会保障費の資金も不足してしまいます。そうなると、社会保障費の収入と支出のバランスを取るために、公的保険の保険料が高くなったり、受け取る年金額が減ったり、あるいは医療費の自己負担割合も上がっていくことが予想されるのです。

また、今後の物価上昇のことも考える必要があるかもしれません。今後、インフレ（物価が上がって、お金の価値が相対的に下がること）になった場合、今と将来では、同じ金額でもお金の価値が変わってきます。例えば、毎年2％ずつ物価が上昇した場合、今持っている1万円は、30年後には約５８００円の価値になります。

つまり、お金を貯めるときには、単に手元に置いておくのではなく、物価の上昇に負けないように、お金を貯めていくことも大切なことです。そのためには、円だけで資産を運用するのではなく、米ドルなどの外貨に分散して運用するのも有効な手段です。

老後に必要なお金はいくらなのか

ここまで見てきたように、私たちの将来はより「自助努力」が必要とされる時代になってきます。つまり、国や会社から思うように年金や退職金がもらえなかったとしても生活できるように、早い段階で将来のためのお金を準備することが重要なのです。

では実際に、老後生活のための資金としてどれくらい準備すればいいのでしょうか。

例えば、夫婦二人の場合、老後生活のために最低限必要な日常生活費は月平均22・0万円。また、最低限必要な生活費以外に旅行やレジャーなど、ゆとりのある生活をするために必要な上乗せ額は月平均13・4万円で、日常生活費と合わせて月平均で35・4万円となっています（生命保険文化センター「生活保障に関する調査」平成25年度）。

一方で、老後生活のベースになる公的年金はどれくらいもらえるのか。公的年金は、自営業・会社員などの働き方、年金加入期間、会社員として勤務した期間とその間の平均報酬によって決まります。平成26年度の年金額の例を見てみると、夫婦二人の世帯で月額約23万円です（※）。

もしも、ゆとりある老後生活をするのなら、先ほど紹介した35万円から、公的年金の23万円を引いた12万円が不足することになります。

仮に65歳で退職して、そこから22年間（女性の平均寿命87歳まで生活すると想定）生活するのに必要な自助努力の金額は、12万円×12ヵ月×22年間＝３１６８万円となります。

つまり65歳までに約３２００万円を準備する必要があるのです。

※夫は平均的な給与（平均標準報酬36万円）で40年間厚生年金に加入し、妻はその間すべて専業主婦であった場合の年金額。

お金を貯めるためのちょっとしたコツ

――お金の貯まる人の習慣〝先取り貯蓄〟

ここからは、お金をどうやって貯めていけばいいのかを見ていきましょう。
まず、お金を確実に貯めるのなら必ず習慣としてほしいことがあります。それは「先取り貯蓄」です。先取り貯蓄のできない人は、お金の貯まらない人です。

先取り貯蓄のイメージは図表を見てください。ポイントは、貯蓄する分を毎月の手取り収入から真っ先に差し引いてしまうことです。そして、差し引いた後の残ったお金で生活していくのが基本になります。

先取り貯蓄の方法として手軽で確実なのは、給与口座からの引き去りで、積立定期や財形貯蓄などをすることです。また、給与口座とは別に生活費用の口座を作って、そちらに貯蓄以外のお金を移動する方法もあります、最近では、決まった日に指定した口座へあらかじめ決めた金額を送金してくれるサービスを設けている銀行もあります。

このように、「貯めるお金」と「使うお金」を完全に切り分けることで、確実にお金は貯まりますし、お金を大きく増やしていくベース資金となるのです。

――お金を増やすための〝三原則〟とは？

先取り貯蓄でお金を貯めていく方法が基本となるのは、おわかりいただけたと思います。そして、もうひとつ覚えていただきたいことがあります。それは、長期的にお金を増やしていく方法は、貯蓄だけではないということです。

「お金の貯まらない人」と「お金の貯まる人」

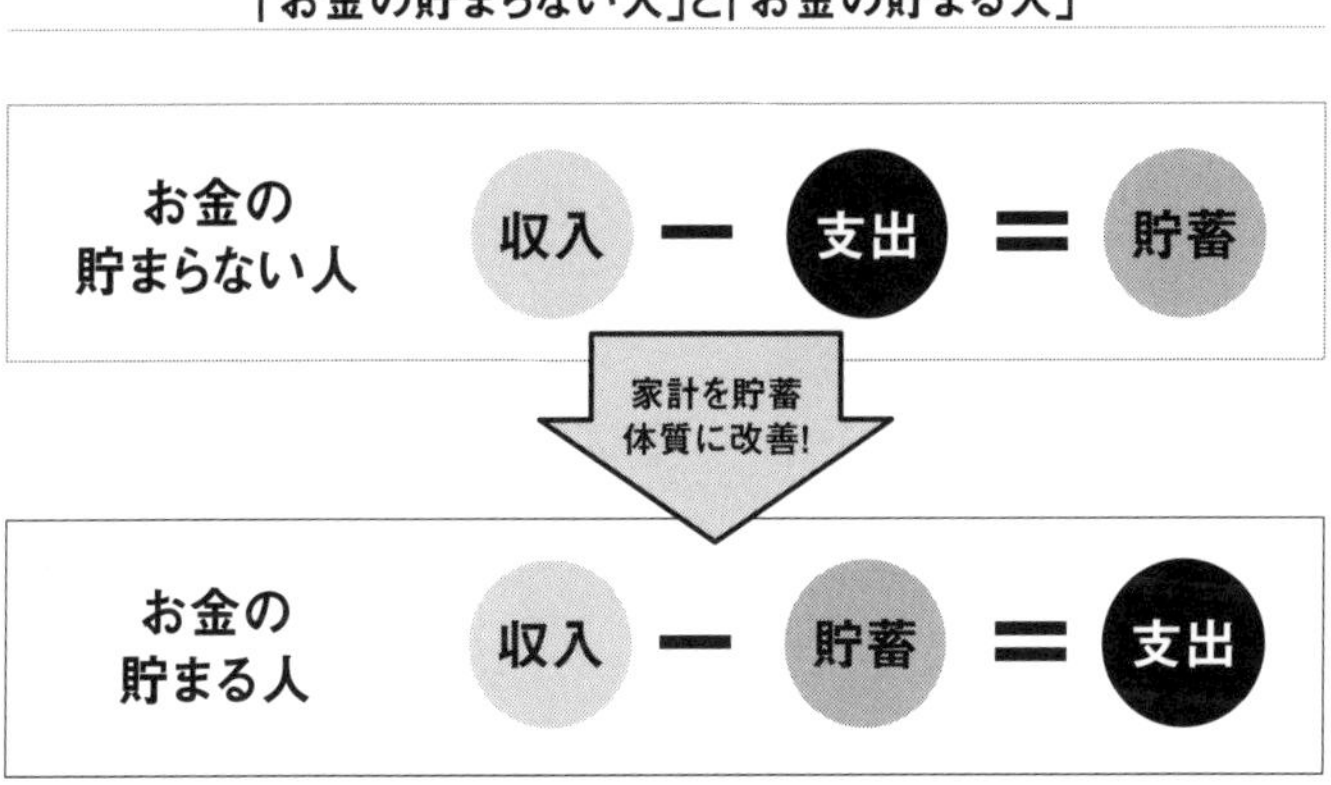

その方法とは、「収入を増やすこと」「支出を減らすこと」「お金を運用すること」の3つです。その内容を見ていきましょう。

1．収入を増やす

お金を貯めるのなら、家計の収入を増やして、増えた分を貯蓄することが本来はベストな方法です。収入を増やすための方法としては、夫婦であれば二人で働くこと。子どもが小さければ保育園に預ける必要があるかもしれませんが、働き手が二人になれば家計の収入は大きく変わることは間違いありません。

また、今就いている仕事を頑張って会社の業績アップに貢献し、自分自身の実績を作り上げることも、収入増へ結びつくのではないでしょうか。スキルアップを目指して資格を取ることや、転職することで給与が上がる場合もあるでしょう。さらに、休日に得意分野を活かした副業をしたり、アクセサリーを作るのが趣味ならば、インターネットを利用して販売したりできれば収入増につながりますね。

いずれの場合も、無理のない範囲で収入を増やす方法を考えていくことが大切です。無理に睡眠時間を削ったり、休日を潰したりするような働き方では長く続けることができませんし、体調を崩して入院し、医療費の支出が増えてしまっては本末転倒です。できるところから無理のない範囲で、少しずつ始めてみましょう。

2. 支出を減らす

前述した収入を増やす方法よりも、手軽に始めることができて目に見える効果がわかりやすいのが、支出を減らすことです。しかし、支出を減らすとはいっても、どこから手をつけたらいいのか迷うかもしれませんね。この場合の支出を減らすポイントは、「優先順位の低い支出」から減らすことです。

各家庭の中で、お金の使い道には優先順位があると思います。例えば、子どものいる家庭では一般的に教育費はなかなか減らすことが難しく、優先順位の高い支出です。しかし、毎月の娯楽や旅行費用などはどうでしょうか。行き先を変える、旅行に行く頻度を毎年から2年に一度にするなどの方法で支出を減らすこともできます。もう少し身近な例でいえば、外食の多い人は外食の回数を減らしてみることもひとつの方法ですね。

また、支出の中で大きな金額を占めるのが、「住宅ローン」や「生命保険料」です。どちらも長期間の返済や払い込みが続くものですから、見直しで支出を減らすことができれば、長期の家計で見ると大きな効果があります。

住宅ローンを、今よりも低い金利のローンに借り換えることができれば、毎月の返済額や総返済額が軽減できます。また、生命保険の場合も、保障に優先順位をつけて自分や家族にとって必要な保障は残し、不要な保障を見直していきましょう。ただし、保険の見直しで気をつけたいことは、保険料優先で保障を減らしすぎないこと。保険はイザというときに必要な保障がなければ意味がありません。

ここまで紹介した支出の見直しで、仮に毎月5000円の支出を減らすことができれば、年間で6万円の貯蓄ができたことと同じ効果があるといえますね。

あなたなら、どこから見直していきますか?

3. お金を運用する

最後は、お金に働いてもらう方法です。「お金が働くって？」と思うかもしれませんが、この場合は資産運用のことをいいます。低金利が続いていることで、銀行の定期預金に預けているだけでは、なかなかお金は増えていきません。支出の見直しなどで一定の貯蓄ができるようになり、余裕のあるお金ができてきたら、まずは少額での投資を始めてみることも検討してはどうでしょう。

詳しくはこの後の項目でご紹介しますが、一度に大きな金額を投資するのではなく、貯蓄と同様に、毎月少額をコツコツと積み立てるタイプの投資方法もあります。

ただし、投資性の商品には基本的に元本保証はありませんから、一定のリスクはあると理解しておきましょう。そのためにも、余裕資金の範囲内で取り組むことが大切です。

お金を貯めるのに必要な、「使う目的」と「使う時期」

お金を貯めるなら、「お金を使う目的」と「お金を使う時期」を考え、それぞれに合った金融商品を利用することが大切です。

この場合は、目的ごとに「短期」「中期」「長期」という時間軸で考えていきます。つまり、お金を3つのお財布に分けていくようなイメージです。

例えば、「短期」のお金は日常的に使うお金のことをいい、毎日の生活費や住居費などが該当します。こういったお金はいつでもすぐに使えるようにしておく必要があるので、銀行の普通預金などに置いておいて、いつでも引き出せるように

お金を「3つの財布」に分ける

時期	短期	中期	長期
目的	日常的に必要なお金や緊急予備資金 ・住居費 ・食費 ・交際費 ・光熱費 ・通信費　など	使い道が決まっているお金 ・住宅購入資金 ・教育資金 ・旅行資金 ・車の購入資金　など	当面は使う予定のないお金 ・退職後の生活資金 ・住宅リフォーム資金 ・万一の備え　など
ポイント	お金がいつでも引き出せて、すぐに使えること	お金を貯めること	お金を増やすこと
金融商品	・普通預金 ・通常貯金　など	・定期預金 ・個人向け国債　など	・外貨預金 ・投資信託　など

します。

同様に中期、長期のお金を考えていきますが、詳しい内容は表にまとめてみました。皆さんもぜひ、お金を使う時期と目的を整理してみてください。

お金はどうやって増やしていくのか

――増やすなら始めるのは早いほうが得――時間を味方につける――

先取り貯蓄や支出の見直しなどで、お金を貯める習慣ができてきたら、お金を増やす方法を考えてみましょう。前の項目でも見てきたように、日常的に使うお金や使う目的が決まっているお金は、銀行預貯金に置いていつでも引き出せるようにしておきます。一方で、当面使う予定のないお金（退職後の生活資金など）は使う時期までに時間がありますから、〝時間を味方にする〟ことで、無理なく増やすことができます。

例えば、30歳の人が60歳までの30年間で1０００万円を貯める場合、年利1％で運用できたとすると、毎月の積立額は約2万4０００円です。もし、積み立て開始が10年遅れて40歳から始めると、60歳までの20年間、毎月の積立額は約3万8０００円、50歳からだと60歳まで10年間となりますから、毎月の積立額は約8万円になります。

このように、始める時期が早ければ早いほど毎月の積立額は少なくなり、無理なくコツコツと貯めていく効果が実感できます。図表で見た場合でも、積み立てを始める時期が早いほうが目標額に向かう坂は緩やかですが、始める時期が遅くなると坂は急になります。坂が緩やかということは、毎月の積立額は少ないということです。時間を味方にするのなら、一日でも早く積み立てを始めることが大切になります。

利息の増え方にも種類がある
――金利を味方につける――

お金を増やしていく場合、もうひとつ味方にしたいものがあります。それは「金利」です。ここでは、毎月一定額を積み立てた場合の、金利の違いによる積立合計額（元金と利息の合計）を見てみましょう。

60歳までに年利1%で1,000万円貯めるのに必要な毎月の積立額は?

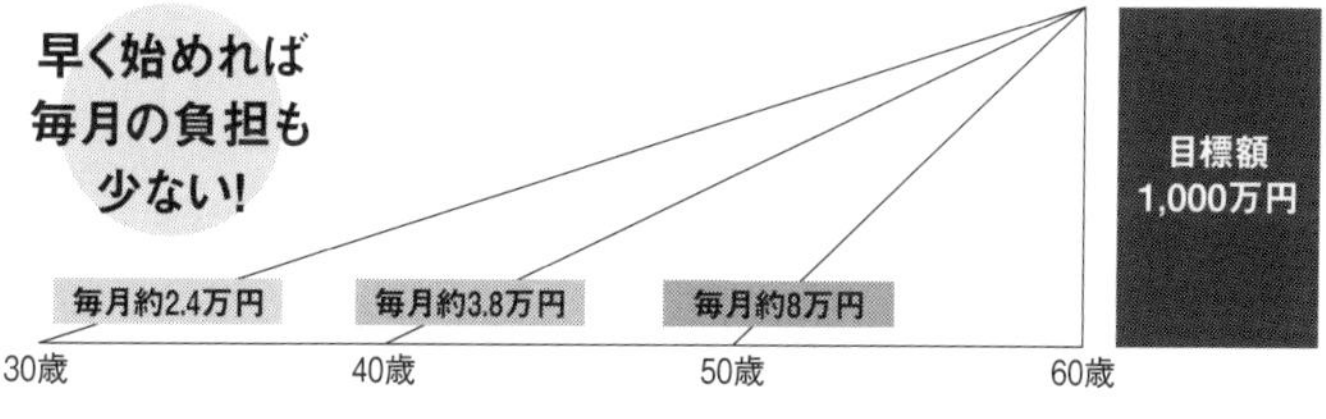

例えば30歳の人が60歳までの30年間、毎月2万円を積み立てた場合、年利1％では約843万円、年利2％では約993万円、年利3％なら1176万円となります（図表参照）。

このように、お金は利息がつくことで増えていくことがわかっていただけると思います。〝時間〟と共に〝金利〟も味方にすることが、お金を増やしていくコツといえます。

また、利息には「単利」と「複利」の2種類があることも覚えておきましょう。

単利というのは、預けた元金だけに利息がつきます。例えば、100万円の元金があって、年利が5％だとすると、1年目の利息は5万円ですから、元金と合わせて105万円になります。あくまでも元金にだけ利息がつくので、2年目以降も元金が100万円なら毎年つく利息は5万円のまま変わりません。

毎月2万円を30年間積み立てた場合の金利差による合計額

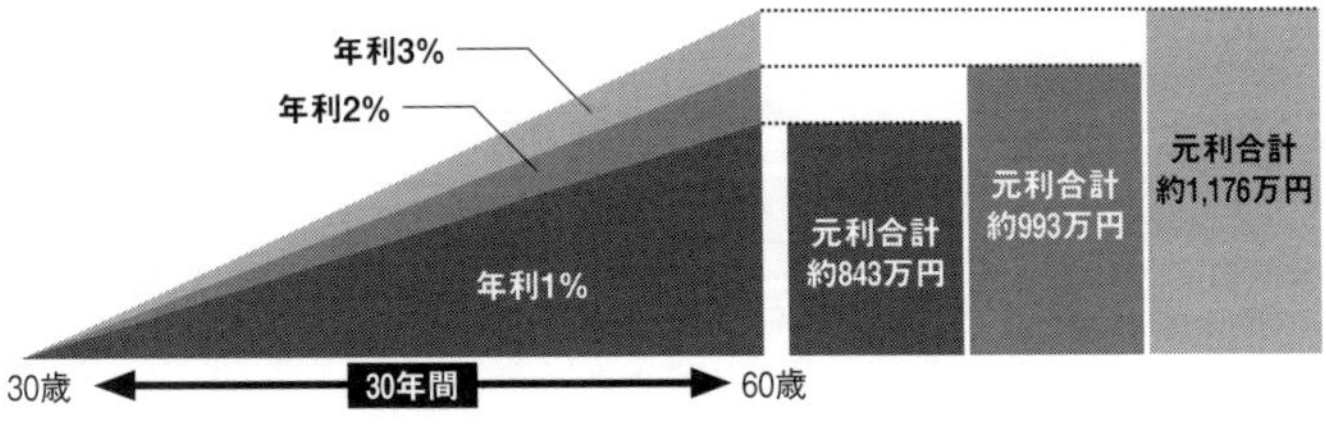

単利と複利の違い

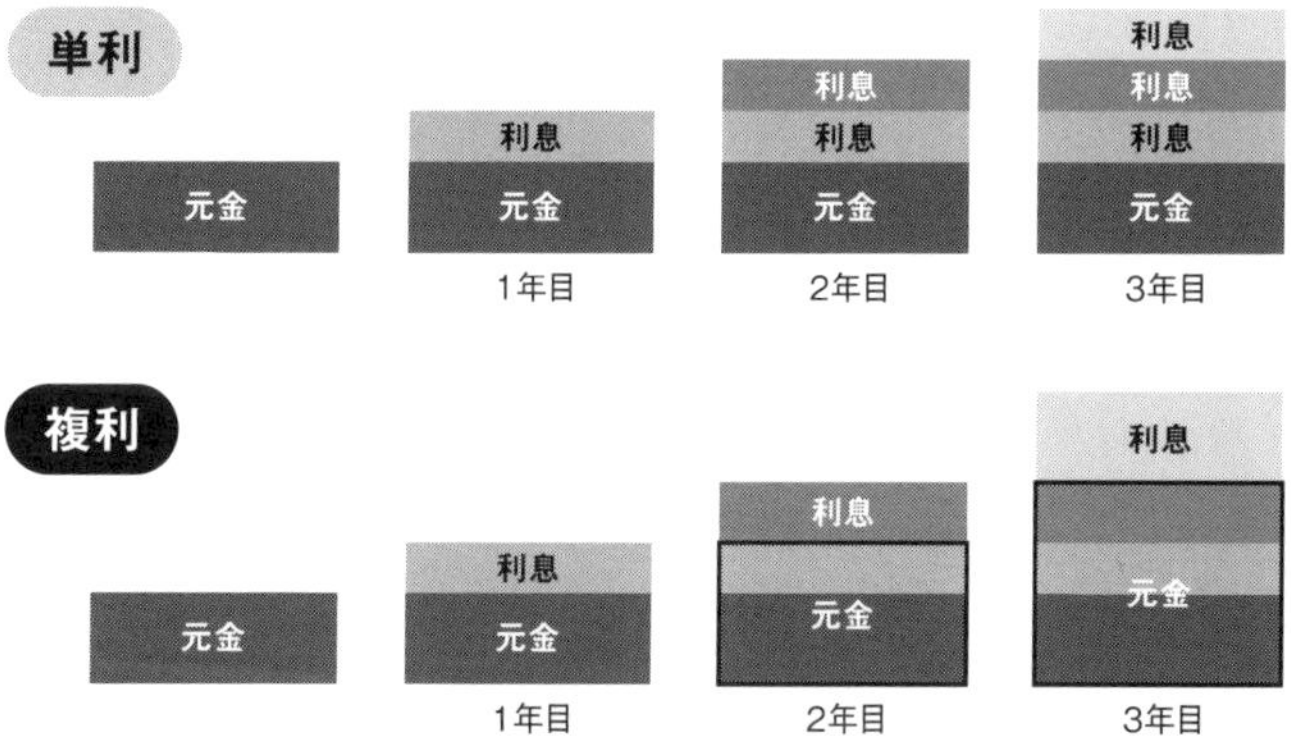

Column　72の法則

「72の法則」というのをご存じでしょうか。これは、何年でお金が倍になるのかが簡単にわかるもので、次のような計算式になります。

72÷金利（%）＝2倍になる年数

金利が3%なら、72÷3＝24年で倍になり、6%なら72÷6＝12年で倍になります。例えば、100万円を金利3%の商品に預けると、24年間で2倍の200万円になります。

今、銀行の普通預金の金利は0.02%程度ですから（2015年4月現在）、倍にするには72÷0.02＝3,600年かかることに！

一方の複利は、元金と利息を合計した金額に利息がつきます。つまり、ついた利息を元金に組み込んで、それを新しい元金として利息を計算するのです。例えば100万円の元金に年利5％の利息がつくと、1年後には105万円になります。2年目は、この105万円に5％の利息がつくので、元金と利息の合計は約110万円になります。

このように、複利の場合はついた利息がさらに利息を生むような仕組みになっていますから、同じ運用期間なら単利に比べると複利のほうは増え方が大きく、運用する期間が長いほど効果的なのです。例えば、銀行のスーパー定期は、預け入れる期間によって単利と複利がありますから、預ける金額と共に満期日についても考慮したいですね。

〝リスク〟を分散するとはどういうこと？

ここまで、時間や金利を味方につけてお金を増やしていくことを見てきました。銀行の預貯金などは元本の安全性はありますが、金利も低いので大きく増やすのには不向きです。ある程度収益を得るのなら、株式や債券などの投資性商品の利用も考える必要があるでしょう。しかし、これらの投資性の商品は預貯金以上の収益性が期待できる一方で、元本の保証はなく、価格の変動によっては元本を下回る可能性もあります。

このような投資性の金融商品を選ぶ場合には「リスク」と「リターン」の関係を知る必要があります。

「リターン」とは、収益性のことをいいます。「リスク」はリターン（収益性）の振れ幅の大きさのことです。期待したよりも大きな収益があるときもあれば、予想外に損をする可能性もあることをいい、一般的に使われる「危険」という意味ではありません。

しかし、初心者がいきなり株や債券といっても難しい面もありますので、その場合には投資信託を利用する方法があります。投資信託とは、投資家から集めた資金を専門家が国内や海外の株式・債券に投資して運用し、運用の成果を投資家に分配するものです。

投資信託は、まとまった資金がなくても、毎月一定額を購入できる場合もあり、毎月コツコツと積み立てるように購入していけばリスクの分散にもなります。これを「ドルコスト平均法」といいますが、わかりやすく説明するために一例で見てみましょう。

ある人が「一定額」の商品を買う場合と、「一定量」の商品を買った場合の購入数と金額を比べてみると、定額で買ったほうが、たくさん買えて単価も安くなります(図表参照)。

このように、定額で購入していくことで単価が安いときは多く、高いときには少なく買うことになるので、購入単価を抑えることができます。つまり、毎月一定額の積立方式で購入することで、価格変動リスクをある程度抑えることができるのです。

商品を「一定額」または「一定量」買った場合の単価の比較

	1回目	2回目	3回目	4回目	5回目	6回目	合計	単価
単価	100円	500円	200円	250円	50円	200円		
定量 5個	500円 5個	2,500円 5個	1,000円 5個	1,250円 5個	250円 5個	1,000円 5個	6,500円 30個	単価 約217円
定額 1,000円	10個 1,000円	2個 1,000円	5個 1,000円	4個 1,000円	20個 1,000円	5個 1,000円	46個 6,000円	単価 約130円

監修者から①

お金の教育を受けていない私たち日本人

アメリカでは小学生が「これは本当に欲しいものなのか考えましょう」と〝need or want?〟の授業を受けたり、高校生が複利の計算をできたりします。ところが、古くからお金は汚いものという考え方がベースにある日本では、お金の教育をほとんどしません。その結果が今の私たちです。今まではそれでよかったのですが、これからの時代は大変厳しくなります。少子高齢化で働く世代が少なくなり、国力も落ちていきます。物価上昇率2％なんて話もありますが、それはつまり、今の100万円が30年後には55万2100円になるということです。お給料30万円が15万円になるのと同じです。

山口 晶子
Akiko Yamaguchi

横浜支社所属

日本FP協会会員AFP
2級ファイナンシャル・プランニング技能士
(社)相続診断協会認定 相続診断士

こういう話は聞きたくないかもしれませんが、今のうちに知っている人と、知らないまま30年後を迎える人とでは大きな差が出てくるので、私がご縁をいただいた方にはどうしても伝えなければなりません。

そんな時代にお金を貯める方法は、収入を増やす、支出を抑える、お金に働いてもらう、の3つ。まずおススメするのが、使途不明金、つまり何に使ったかわからないお金をなくし、支出を抑えることです。

もうひとつ簡単にできることは、お給料から貯金を引いて、残りで生活すること。人間は見えるお金があると余裕があると感じ浪費します。昔は私もそうでした（笑）。先に貯金を引く方法としては、保険がベストです。年末調整でも使えるし、節税効果もありますね。クレジットカード払いが可能な保険なら、貯まったポイントを商品券に換えることもできますよ。保険ほど柔軟性とバラエティに富んだ金融商品は他にありません。

お金を働かせるためには時間と金利を味方につけるのが賢い方法ですが、その点で外貨は優秀です。なぜ外貨がいいかというと、金利が全然違うからです。また外貨の保険なら長期で持てますし、むしろ株式や投資信託に比べてもリスクは低いと思います。外貨は損するものというイメージを持つ方が多いのですが、私のお客様は外貨を使っている方が少なくありません。

教えてもらう工夫や努力をする人は伸びる

女性社員第1号として弊社に入社し、しかも畑違いのIT業界出身の私ですが、入社したての頃は先輩方が何時間も親身になって教えてくれたので不安はありませんでした。わからないことは先輩にすぐに聞ける。そこが弊社の素晴らしいところです。よく優秀な営業マンやプランナーは、ノウハウを他の社員に教えないということを耳にしますが、そういう会社はなかなか発展しないのではないでしょうか。とはいえ何も努力せず教えてもらうだけの人も伸びません。忙しい先輩方に教えてもらうのですから、長くつき合わせないよう工夫するなど、やはり本人の努力が大事だと思います。そんなことも弊社で学びました。

貯めたお金は守ることも大切！

――せっかく貯めたお金、減らさないためには？

人生は、平穏無事に過ごせることが一番です。しかし、長い人生では数十年先のことまで考えてみると、不慮の事故や自然災害、けがや病気、死亡などは誰にでも起こり得る生活上のリスクです。また、けがや病気が原因で、介護が必要な状態になることも考えられます。

このような生活上のリスクが起きた場合には、残された家族の生活費や、自分や家族の医療費など経済的な負担が発生します。場合によっては、働けなくなって収入が途絶えてしまうこともあるでしょう。

このような場合に備えて、私たちは公的保険制度で守られています。死亡であれば、残された遺族に遺族年金が、けがや病気の治療であれば、健康保険があります。それでも、これらの公的保険制度で経済的な負担をすべて賄うことはできません。

公的保険制度で足りない部分は、それまでに貯めてきた預貯金など、手持ちの資金から賄うことになります。しかし、将来のライフイベントのためにせっかく貯めてきたお金を、取り崩すことは避けたいもの。そのためには、〝自助努力〟で生活を守るための手段も考える必要があります。

それと同時に、リスクを未然に防ぐ努力も必要です。例えば交通事故を防ぐには安全運転を心がけることや、病気を防ぐなら食生活の見直しや運動習慣を身につけるなど、日常的な健康管理を実践することで、ある程度は防げる可能性もあります。

家庭内で重視する経済的な準備

経済的な準備の中で重要と考えている項目		
男性	自分が入院した場合の準備	48.3%
	自分が万一の際の準備	45.4%
	自分の介護資金の準備	24.3%
女性	自分が入院した場合の準備	39.4%
	配偶者が入院した場合の準備	34.7%
	配偶者が万一の際の準備	29.6%

＊生命保険文化センター「平成25年度 生活保障に関する調査」

――自助努力としての〝緊急予備資金〟の準備を

未然に防ぐ努力はしたものの、それでもリスクが起きることもあるでしょう。そんなときでも将来のライフイベント資金を取り崩さないためには、「緊急予備資金」を準備することです。緊急予備資金というのは、文字通り緊急のときにいつでも引き出して使えるお金のことをいいます。例えば、前述のように病気で入院した場合などは、健康保険で賄えない自己負担分の費用を、緊急予備資金で賄うことが考えられます。その他にも、急に遠方に出かける用事ができたとき、家電製品や住宅の設備が壊れたとき、またちょっとした車の修理費用にも緊急予備資金が役立ちます。

緊急予備資金の金額は、備えておきたい緊急の支出を見積りながら決めますが、金額は人それぞれの生活スタイルによって変わります。例えば、車を保有していない人なら、車の修理費などの分は緊急予備資金として考える必要はありません。

反対に、誰もが緊急予備資金で備えておきたいのは、急な入院のための医療費。けがや病気は、誰にでも起きる可能性があります。健康保険の自己負担分はもちろん、入院時に個室を希望した場合には健康保険の対象にならないため、個室代は全額自己負担になります。その他、食事代や入院に付随する費用なども想定しておく必要があります。

また、緊急予備資金は簡易的に生活費の6ヵ月分、収入の3ヵ月分などと決める方法もあります。皆さんにとって、準備しやすい方法を考えてみましょう。

――もうひとつの自助努力である〝保険〟

緊急予備資金は、イザというときに将来のライフイベ

「緊急予備資金」の作り方は?

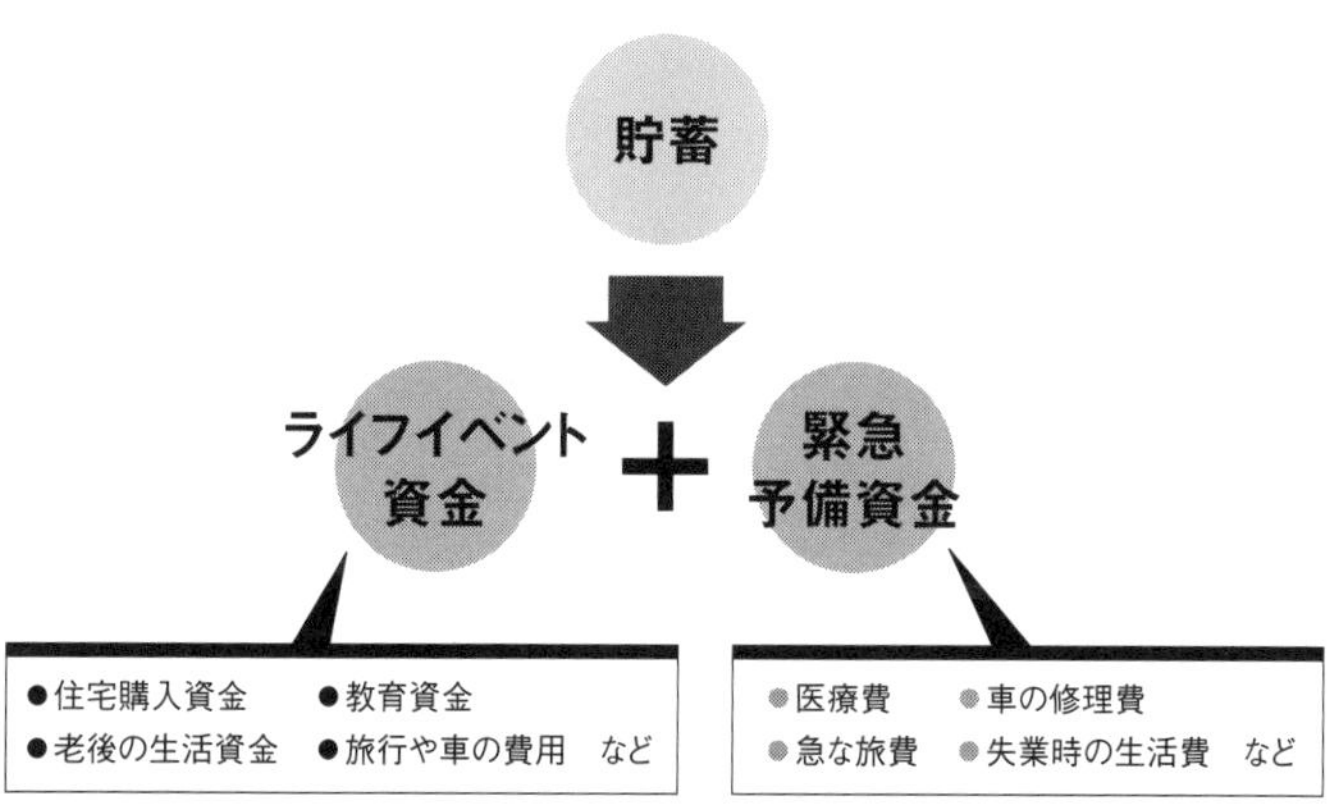

ント資金を取り崩さないための防衛手段です。しかし、限られた収入の中からライフイベント資金を準備した上に、緊急予備資金を準備するとなれば、金額は限られてきます。そのため、リスクの種類によっては、緊急予備資金でも賄いきれないことがあるかもしれません。

例えば、一家の家計を支える人の死亡や重い病気での長期入院、火事や震災で家を失った場合、あるいは自動車事故で人を死傷させたり物を壊したりした場合などです。これらのリスクが発生すると、経済的な損失は大きくなりがちです。緊急予備資金に貯蓄を加えても、一般的には賄いきれるものではありません。

このようなときに頼りになるのが「保険」です。保険なら、緊急予備資金では賄いきれない大きな経済的な損失に備えることができます。例えば、人の死亡に備えるのであれば「生命保険」、病気やけがの医療費に備えるのは「医療保険・がん保険」、火災や地震、自動車事故に備えるのであれば「損害保険」です。

ひと口に保険といってもさまざまな種類があります。保険はイザというときに、自分が必要な保障（補償）が得られることが最も大切です。反対に必要のない保障（補償）を持っていると、むだな保険料を払うことになり、家計支出も増えてしまいます。

そのため、どういったときにどの保険が役に立つのかを知っておくことも大切です。今、自分自身が加入している保険を整理して、自分にとって、家族にとって、どのようなリスクを保険に頼るのかを考えてみましょう。保障（補償）の過不足を確認して、必要であれば保険の追加加入や見直しを検討します。

貯めてきたお金を守るための手段として、緊急予備資金と保険についての考え方を見てきました。あらためて、緊急予備資金と保険の使い分け方について整理したのが、次ページの図表です。皆さんの生活を取り巻くリスクの種類を考えて、それぞれのリスクに対してどういった手段で備えるのか、「緊急予備資金」なのか、「保険」なのかを考えてみてください。

また、保険を考えるときには、前述したように公的保険制度（遺族年金や健康保険）も考慮しながら、足りないところだけ保険に頼ることが大切です。

皆さんの大切な現在の家計を守り、将来の大切なライフイベントを実現するためにも、ぜひお金を守ることについて考えてみましょう。

「緊急予備資金」？　それとも「保険」？

Step1	**日常生活で考えられるリスク（危険）について考える** ●家計を支える人の死亡、病気・けがなどでの入院、長期治療で収入が減ったり途絶えたりして貯蓄を取り崩す ●火災や自然災害などで家を失う、自動車事故で車を壊してしまう ●他人を死傷させたり、他人の物を壊したりしてしまう
Step2	**リスクへの備えは緊急予備資金か保険なのかを考える** ●起きる可能性は高いが、もし起きても貯蓄で賄うことのできる、経済的な損失が小さいリスクは緊急予備資金で ●起きる可能性は低いが、もし起きたら貯蓄だけでは賄えない、経済的な損失が大きいリスクは保険で
Step3	**緊急予備資金で備えるリスク** ●生活上の軽いけがや病気、入院不要の医療費など
Step4	**保険で備えるリスク** ●世帯主の死亡や長期入院の医療費、火災や自然災害など

今どきの保険活用術

――保険は誰のために入るのか？

保険は、イザというときの経済的負担への備えです。保険に入る際には、死亡時のリスクに備えるのか、病気やけがのリスクに備えるのかなど、保障の目的を考えます。例えば、「自分が死亡したときに、家族にお金を残したい」「自分が病気で入院したときの、医療費自己負担に備えたい」など、それぞれ目的があるはずです。

目的が決まったら、選ぶ保険は絞られてきます。例えば、家族のために入る保険なら、終身保険や定期保険または収入保障保険などで、保険金を受け取るのは原則として〝家族〟です。一方、自分のために入る保険は医療保険やがん保険などで、給付金を受け取るのは原則として〝自分自身〟になります。

このように、保障を得る目的（死亡・病気）や、誰が保険金を受け取るのかを決めて、保障が必要な期間（一定期間・終身）も考慮して保険に入るのが基本的な考え方です。

死亡時に備えて入るのは生命保険

生命保険（死亡保険）は、基本的に人の死亡に備えて入る保険です。例えば、一家の家計を支える人が死亡した場合に、保険金を葬儀費用やお墓の準備、残された家族の生活費などとして利用します。

保険で準備する金額（保険金額）は、家族構成や年齢、収入などによって変わります。保険の対象になる人が死亡したときに、残された家族が一生涯生活するために必要な金額を計算した上で、保険金額を決めるのが原則です。

「だいたい3000万円くらいあれば……」というような決め方では、足りているのか、多すぎるのかわかりません。保険金額は、家計を支える人が万一のときに、残された家族が平均余命まで生活していくための費用や、自分自身の葬儀費用などを計算した上で決めます。計算方法は、図表に示したように家族の今後の支出見込から、遺族年金など、得られる収入見込の金額を差し引いて算出しますが、これを「必要保障額」といいます。

生活に必要な費用としては、食費や光熱費などの基本生活費、教育費、住宅費（賃貸なら家賃、持家なら管理費や修繕費など）、その他費用です。つまり、今後の家計やライフプランを考えていく必要があるのです。

保険金はたくさんもらえればいいというわけではなく、最低限必要な金額を保険で準備することです。多すぎれば保険料のむだになりますし、少なすぎてもせっかく入った保険が、イザというときに役に立たないこともあり得ます。

保険で準備する金額（必要保障額）の計算は？

支出見込

末子独立までの生活費
末子独立後の生活費
教育費
結婚援助資金
住宅費用
葬儀費用
耐久財購入費用
趣味・旅行費用

－

収入見込

遺族基礎年金
遺族厚生年金
妻の老齢年金
妻の労働収入
預貯金
企業内保障
その他資産

＝ **必要保障額**

過不足のない保険金額を決めるためにも、公的保険制度の基本を知っておきましょう。
遺族年金は、国民年金や厚生年金に加入している人が死亡したときに、残された家族（遺族）に対して支給される年金です。死亡した人が会社員か自営業者か、あるいは子どもがいるかいないかによって、支給される遺族年金の種類や年金額は変わります。

遺族年金を生活のベース資金として、これに加えて職場からの弔慰金《ちょういきん》や死亡退職金、今持っている預貯金、残された家族の収入などを差し引いて、足りない部分が必要保障額となり、これを保険金額として生命保険で準備します。

一般的に、万一のことが起きたときの葬儀代など、いわゆる「整理資金」としては終身保険を。子どもがこれから成長期にある家庭では、終身保険に加えて一定期間保障を厚くするために、定期保険や収入保障保険で備えるのが基本です。

具体的な保険の仕組みについては、後半の「保険の選び方（死亡したときの保障には、どのような種類がある？）」で解説します。

――病気やけがに備えて入るのは医療保険

医療保険を選ぶ際には、生命保険と同様に公的保険制度について知っておきましょう。病気やけがの医療費を一定額に抑えてくれるのが「健康保険」や「国民健康保険」などの健康保険制度です。

健康保険制度では、小学生から70歳未満の人は、医療費の自己負担割合は3割。つまり、1万円の医療費がかかっても、実際に負担する金額は3000円です。

また、「高額療養費」という仕組みも用意されています。これは、医療費が多額になってしまったときでも、一ヵ月当たりの医療費の自己負担を一定額までに抑える制度です。例えば、平均的な年収の人なら、一ヵ月で100万円の医療費がかかった場合でも、自己負担額の上限は約9万円程度で済みます（自己負担限度額は年収によって変わります）。

ただし、入院時には健康保険の対象にならない費用もあります。例えば、入院中の食事代や個室を利用した場合の費用（いわゆる「差額ベッド代」）、先進医療の技術料などの費用は全額自己負担になります。

このように健康保険でカバーできない費用や、自分が入院したときにどのような環境で治療を受けたいのかを考えて、医療保険を選ぶことがポイントになります。

また、医療保険は、病気やけがのときの医療費負担に備える保険です。とくに長期入院になったときには、収入や預貯金が少ないと、相対的に家計の負担は重くなりがちです。そのような場合に

健康保険制度の仕組みは?

健康保険自己負担割合

年齢区分	自己負担割合
小学校入学前	2割
小学生〜70歳未満	3割
70歳〜75歳未満	2割（一定以上所得のある人は3割）

高額療養費制度

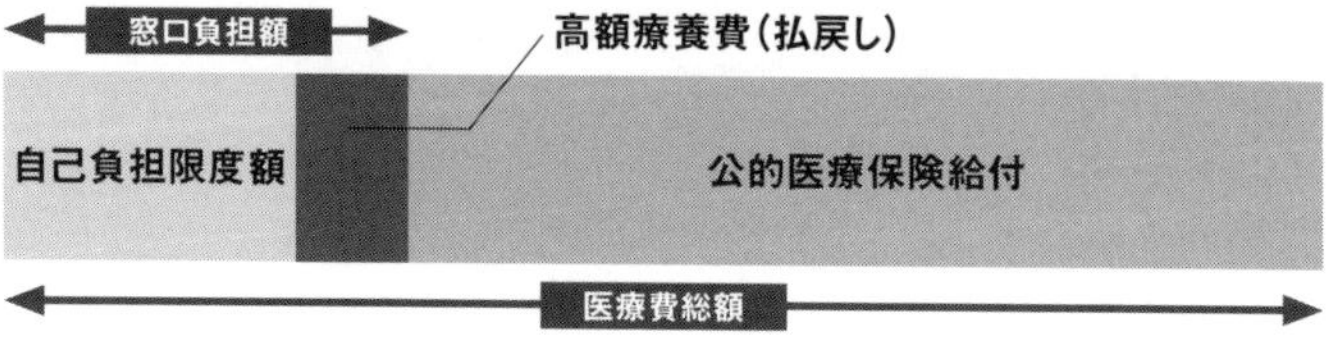

備えて、医療保険では入院日数に応じて支払われる「入院給付金」や、手術を受けた場合に手術の種類に応じた「手術給付金」などの保障があります。

医療保険を選ぶ際には、一日当たりの入院給付金をいくらにするのかと共に、1回の入院で保障される限度日数を何日間にするのかもポイントになります。また、保障される期間についても、終身保障がいいのか、一定年齢までの定期保障でいいのかによって、保険料が変わってきます。

最近では、入院した場合の平均在院日数は短期化傾向で、手術を受けた場合でも入院せずに済む場合もあります。そのため、医療保険ではいわゆる「日帰り入院」といって、入院1日目から保障されるタイプの保険が主流になっています。

かつての医療保険では、入院保障は5日目からなど、一定期間は保障のない期間がありました。今入っている医療保険は、日帰り入院から保障されるのかどうか、一度自分自身の保障内容を確認してみるとよいでしょう。

ファイナンシャル・プランニングを考える

――〝ライフプラン〟とは何か？

皆さんは、〝ライフプラン〟という言葉を聞いたことがありますか？

ライフプランとは、自分や家族の夢や希望を実現するため、将来にわたる人生のプランを立て、設計することをいいます。ライフプランには、「こういう人生を歩むべき」という決まりはありません。１００人いれば１００通りのライフプランがあります。すべては、皆さんの生き方や希望で決まるのです。


ただし、ライフプランを実現するには資金面での裏付けが必要になります。

そこで、ライフプランを立てるときの考え方や、ライフプラン実現のための資金作りの基本になる家計管理について見ていきましょう。

例えば、皆さんは旅行に行くときには計画を立てると思います。旅行の時期、行き先、交通手段、宿泊先、予算など、旅行の好きな人の中には、計画を立てているときが一番楽しいという人もいるくらいです。

もちろん、計画を立てずに気の向くままに列車に飛び乗り、気に入った場所に泊まりながら旅行をする人もいるでしょう。こういった旅の仕方もまた、そのスタイルのひとつですが、これは短期間の旅行だからできること。無計画に長い間旅を続けたら、いつの間にか旅行資金がなくなってしまった、ということになりかねませんね。

旅行を人生に置き換えて考えてみると、長い人生を過ごす上では行き当たりばったりというわけにはいきません。いつ頃、どのようなライフプランを実現したいのかをあらかじめ考え、実現したいプランについての資金計画を立てる必要があります。

社会人になってからの人生を考えてみると、結婚、子どもの誕生、住宅購入、定年後の生活など、年代ごとにさまざまな人生の出来事（ライフイベント）が待っています。まずは、年代ごとにどのようなライフプランが考えられるのかを見てみましょう。

年代別のライフプランを考える

1. 20代のライフプラン

学校を卒業し、社会に出て収入を得る時期です。独身であれば、お金の使い方の自由度は高いため、お金を貯めるのにも適した時期です。若い頃から貯蓄習慣を作り、将来の結婚や住宅購入などに備えて、少しずつでもお金を貯めていくことが大切です。

結婚したら、自分一人の生活ではなくなりますので、独身の頃より支出の自由度はなくなります。子どもが生まれるまで二人で働くことができれば、お金を貯めるチャンスです。子どもが生まれても仕事は続けるのか、家を買うならマンションか戸建てか、地域はどうするのかなど、夫婦で将来のライフプランを話し合うことも大切です。

2. 30代のライフプラン

一般的に子どもが生まれて、住宅の購入を検討し始める時期です。子どもが小さいうちは教育費の負担も少ないので、将来に備えて貯蓄を増やしておきたい時期。子どもの成長に伴い、部屋が手狭になることも考えられるので、住宅購入の資金計画も始めましょう。計画的な貯蓄で自己資金を多く準備することで住宅ローンの借入額が減り、利息負担を抑えれば、将来の生活資金として残すことも可能です。

また、子どもが生まれたら、家計の中心になる人は家族への経済的な責任が増します。万一のリスクに備えて、死亡保障を充実させる必要もあります。

3．40代のライフプラン

子どもが成長し、高校や大学進学など、教育費が増して家計の負担はピークを迎える時期です。一般的に、この年代は収入も増えますが、支出も多くなりがちな時期。これまで以上に家計管理が大切になります。住宅を購入するなら、家計の支出が増したときでも住宅ローンの返済が必要です。すでに住宅を購入して住宅ローン返済に負担感があれば、金利の低いローンへの借り換えや、繰り上げ返済で毎月返済額を一時的に減らすことも必要でしょう。

4．50代のライフプラン

子どもが社会人になり独立すれば、家計負担は一段落します。ここから定年までは、人生第二のお金の貯めどきです。この時期からは、定年後の生活資金を貯めることに集中しましょう。住宅ローンがあれば、積極的に繰り上げ返済して定年までの完済を目指すか、定年までが無理でもリタイア後の返済負担を減らしておきたいところです。子どもが独立したら大きな保障は不要になるので、生命保険の保険金額を見直して保険料を下げることができれば、家計負担も軽くなります。

5. 60歳以降のライフプラン

60歳で定年を迎え、その後雇用延長などを利用して働くかどうかで、その後の家計の収支は大きく変わります。年金はすでに65歳支給開始に向けて段階的に引き上げられていますので、年金受け取り開始までの無収入期間をなくすためにも、元気なうちは働きたいですね。収入は現役の頃に比べると大きく下がる可能性もありますから、それまでの支出習慣もあらためていく必要があります。

また、定年後は相続についても考えるとき。遺産の分け方を巡って家族同士が争うことのないように、あらかじめ遺言を作成したり、エンディングノートを用意したりして自分のことや家族への思いを整理しておくことも大切です。

――家計を見直して将来へお金を残す

年代ごとに考えられるライフプランをご紹介しましたが、ライフプランをもとにした資金計画（ファイナンシャル・プランニング）の第一歩になるのは家計管理です。家計の収入や支出、預貯金などの金融資産を洗い出し、仮に今の収支で生活したときに、家計の将来はどうなるのかを把握します。その中で問題点があれば、今から対策を立てライフプランを実現できるよう家計改善が必要です。

家計管理は、毎月の収入と支出を把握することからスタートします。

収入については給与明細がありますから、把握することは比較的簡単です。会社員の人なら、額面収入から税金や社会保険料を引いたのが手取り収入になり、これが実際に使えるお金（可処分所得）です。

一方で毎月の支出については、家計簿をつける習慣があれば大きなよりどころになります。月ごとに変動はあるかもしれませんが、毎月の平均支出を把握します。家計簿をつけていない場合は、預貯金通帳の出金明細や買い物時のレシート、クレジットカードの利用明細表などから、支出項目と金額を書き出してみましょう。

毎月、手取り収入以上の支出があれば家計は赤字で貯蓄もできず、せっかく貯めてきた貯蓄を切り崩していくことになります。

このように家計の収入と支出を把握し、どの程度貯蓄できているのかを、自分の目で確認できるようにしておくことが大切です。

一度見直せば効果が持続する家計の見直しとは？

「収入が増えてくれれば……」というのは誰もが考えること。しかし、実際にはさまざまな事情で収入を増やすことは難しいかもしれません。また、収入が増えたとしても、社会保険料の負担増や、今後予定されている消費税の増税などで、可処分所得を増やすことは容易ではなくなっています。

簡単には収入が増えなくても、支出を減らすことができれば、その分を貯蓄に回すことはできます。しかし、食費や光熱費などの基本生活費や教育費などは、一般の家庭ではそう簡単には減らすことができませんね。

ところが、「固定費」を減らすことができれば、収入が増えるのと同様の効果を生む場合があります。固定費とは、住宅ローンや生命保険料、携帯電話やパソコンの通信費など、毎月一定の支出のある費用をいいます。これらを少しでも減らすことができれば、可処分所得が増えて、実質的に手取り収入が上がったのと同じ効果があるといえます。

住宅ローンであれば、金利が低いものに借り換える。生命保険なら、必要な保障を絞り込んでシンプルにしてみる。通信費なら、契約プラン変更や携帯とスマホの2台持ちをやめて1台にまとめるなどすれば費用を減らせるかもしれません。

仮に、住宅ローン・生命保険・通信費で毎月1万円の削減ができたとすると、年間で12万円、30年間で360万円の貯蓄ができることになります。

このように、一度減らせば、あとは何もしなくても家計改善効果が続くのが固定費見直しのメリットです。皆さんも、一度は固定費の見直しをすることをお勧めします。

――ファイナンシャル・プランナーはお金の専門家

ここまで見てきた家計の見直しを含め、ライフプランを実現するための資金計画や、万一に備える保険、住宅ローン選び、資産運用など、お金に関係する相談を専門にしているのが〝ファイナンシャル・プランナー（ＦＰ）〟です。

ファイナンシャル・プランナーは、年金・税金・金融・保険・不動産・住宅ローンなど幅広い知識を備え、相談者の価値観や収入・支出、資産状況を加味して現状分析し、問題点があれば解決へのアドバイスを行います。

また、必要に応じて税理士や司法書士、社会保険労務士など他の専門家と協力しながらライフプラン実現のためのサポートも行います。

また、総合的な知識を持つファイナンシャル・プランナーの中でも、ある分野に特化して相談業務を行うＦＰもいます。すでに相談内容が決まっている場合は、専門分野に強いＦＰに相談するのもひとつの方法です。

例えば、保険相談専門ＦＰ、住宅ローン専門ＦＰ、相続専門ＦＰなどがいます。こういったＦＰでは、ＦＰ資格と共に保険であれば「ＭＤＲＴ会員」、住宅ローンなら「住宅ローンアドバイザー」、相続なら「相続診断士」など各分野の専門資格を持って活動している場合もあります。ファイナンシャル・プランナーのホームページなどを見ると、取得専門資格もあれば掲載していますので、どのＦＰに相談したらいいか迷ったときには、保有資格を客観的な指標として見ることができます。

相談するファイナンシャル・プランナーを探す場合は、インターネットで検索するか、日本ＦＰ協会のホームページなら、協会に所属するファイナンシャル・プランナーを検索することができます。まず、あなたの家の近くや勤務先に近い場所で相談できるＦＰがいるかどうか探してみるのがいいでしょう。

監修者から②

お金は寝かせておくのではなく働かせる

せっかく貯めたお金をどう守ったらよいか？　という質問に対する答えは、ズバリ「守りすぎないこと」です。さらにそのお金に「仕事をさせること」。そして仕事をさせるために保険を活用しない手はありません。

守りすぎるというのは、つまり銀行や郵便局に預けたまま大切に眠らせておくという意味です。もちろん短期的なお金は、すぐに出し入れができる銀行や郵便局に預けておくのが便利。でも現在は、300万円を銀行や郵便局に預けた場合、10年後にフタを開けてもほぼ300万円のままという時代です。ではこの300万円にいか

重森 武弘
Takehiro Shigemori
福山支社長
兼松山支社長
シニア・ライフ・コンサルタント
（生命保険協会称号）

に仕事をさせるかとなると、例えば一時払いの終身保険に入ることで安心の1500万円の保障がつき、結果的に銀行より金利が高くなりますね。

また保険に関しては、お賽銭《さいせん》のように考えている方が多く、保険で貯金するというイメージはなかなか持っていただけません。ですから皆さん、「保険料が高いから安くしてほしい」という相談ばかりです。ですが、保険の月平均が4万5000円だと、1年で54万円。10年で540万円。20年で1080万円になります。これが丸々戻ってくるなら、けっして高いとはいえませんね。むしろ保険料を払うのが苦痛ではなく楽しみになりませんか。

ライフプランニングの際にまず申し上げるのは、すべてのお金を保険に充ててはいけないということです。例えば800万円ある方なら200万円くらいは残しておいたほうがよいでしょう。なぜなら急な出費などで途中解約や契約者貸付になるのは非常によくないことですから。途中で車を買いたくなるかもしれませんしね(笑)。プランニングをしていると、俄然夢が膨らみ頑張りすぎてしまう方が多いんです。でも続けることが最も大事なので、絶対に頑張りすぎてはいけません。

毎日必ず何かを得ることができるこの仕事にワクワク

ＲＫコンサルティングは他社とまるで違います。全員が同じ方向性やモチベーションを共有しながら仕事しているのが大きな強みですが、なぜそれが実現できているかといいますと、経験値の高い人間がマンツーマンでみっちり教育するからです。一対一なら疑問もその場で解決するので、成長度合いが格段に違います。でも基本的には「正解」を教えず、何事も自分で考えさせるスタイルです。私はその研修期間にひとつひとつ盗むように学んでいきました。お客様に心を開いていただくために何よりも必要な「柔らかさ」をどう出すかということも、そのときに勉強しました。親身に指導されれば、仲間意識も強くなりますし、そこが他社との大きな違いだと思いますね。

この会社に入って何が一番変わったかといえば、仕事が楽しくなったということです。社内の人間からもお客様からも毎日何かしら学ばせていただき、成長できる。「この人はどういうところがすごいのだろう？」といつも考えるようになりました。それを教えてくれたのがこの会社です。

第2章

保険の選び方

保険代理店は、どのような役割を担っているのか

保険はどこで相談して入ったらいいのか

生命保険に入るなら、その仕組みも知っておこう!

死亡したときの保障には、どのような種類がある?

保険に入る前に知っておいてほしいこと

生命保険で税金の負担を軽くする方法とは?

保険金を受け取ったときの税金はどうなる?

もし保険料が払えなくなったら?

保険代理店は、どのような役割を担っているのか

――「保険募集人」でも、損保と生保では同じではない

今では、すっかり生活の中に溶け込んだ感のある「保険代理店」。かつて保険に入る場合は、自宅や職場に保険会社専属の営業職員が来て、契約するというスタイルでした。最近では、自ら保険代理店へ出向く「来店型」のショップや、反対に代理店の社員が相談者のもとへ出向く「訪問型」の代理店など、保険加入の間口は多様になっています。

ところで、ひと口に保険代理店といっても、実際にはいくつかの種類の保険代理店があります。例えば、生命保険会社から委託を受けた募集代理店には、1社の保険会社のみを取り扱う「専属代理店」や、複数の保険会社を取り扱う「乗合代理店」などがあります。

これらの代理店や保険会社の営業職員を含め、保険募集に従事している人たちを「損害保険募集人」「生命保険募集人」と呼んでいます。皆さんが保険の相談をするときや、保険に加入するときに最初の接点となる、いわば「保険のプロ」の人たちです。

このように、損害保険や生命保険募集に従事している人たちが「募集人」という名称で呼ばれるのは共通でも、実は損害保険募集人と生命保険募集人では、保険の申し込みを取り扱うときの「権限」に違いがあるのです。

――生命保険募集人は保険会社との仲介役

権限というと難しそうに聞こえますが、皆さんの保険契約を直接的に引き受けるのは損害保険会社や生命保険会社です。つまり、最終的に皆さんの保険契約を引き受けるかどうかを決めるのは、原則

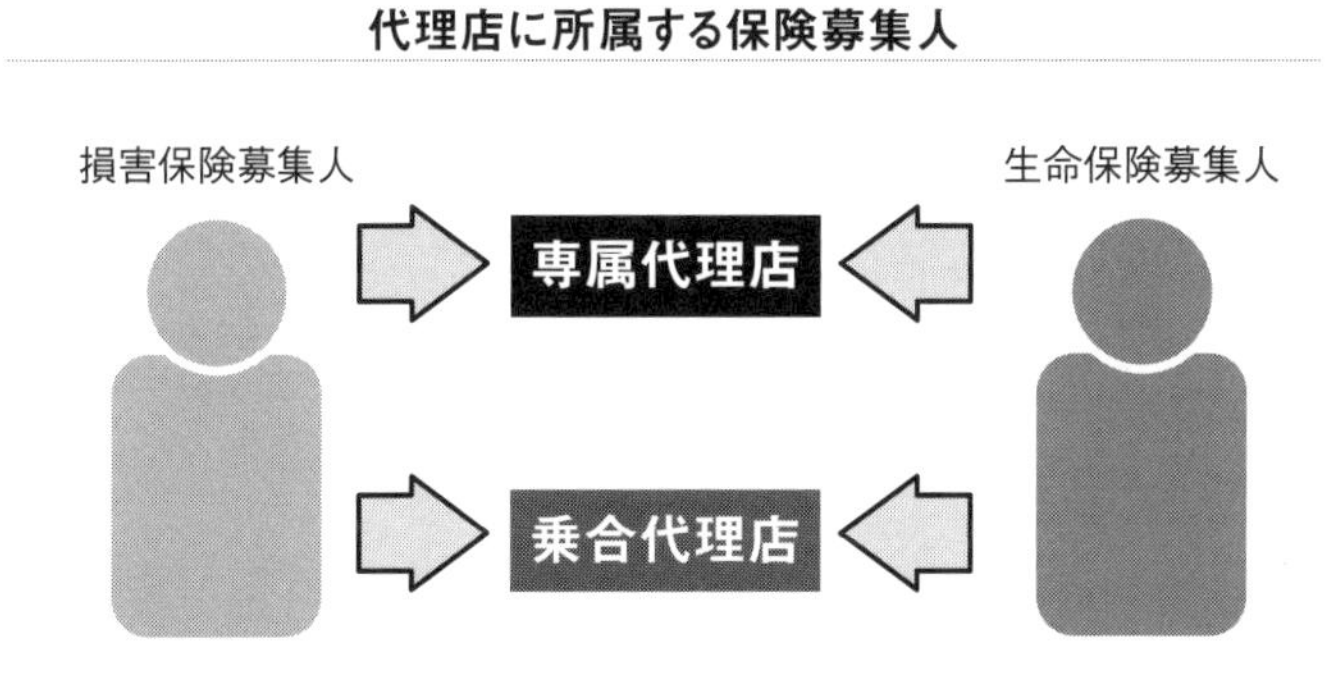

として保険会社になります。

保険募集人は、保険に入ろうとする皆さんと保険会社の間にいて、保険加入のコンサルティングはもちろんですが、保険の申し込みや告知、保険料の受領などの事務を行い、それを保険会社に引き継ぎます。このとき、どこまでの業務を保険会社の「代理」として行っているのかが、先ほどお話しした「権限」ということになります。

つまり、これらの一連の取扱いの中で、保険募集人が保険会社の代理として行っているのか、ただ単に皆さんと保険会社の仲介（媒介）をしているのかというところに、損害保険と生命保険の募集人の違いがあります。

それでは、それぞれの違いを、もう少し詳しく見てみましょう。

――保険会社に代わって手続きする「代理権」があるかどうか

まず、損害保険募集人です。

損害保険募集人は、損害保険会社に代わって皆さんの保険契約の締結や、変更・解約の受付、保険料の領収や領収証の発行、皆さんからの告知などを受領することについて、保険会社の代理をする「代理権」を持っています。

例えば、自動車保険なら、皆さんが保険契約の申込みと告知を済ませ、保険料を支払い、損害保険募集人が承諾すれば、直後に保険金を支払うような交通事故が起きた場合でも、保険金は支払われるのです。

一方の、生命保険募集人についてはどうでしょうか。

結論から言いますと、生命保険募集人には、損害保険募集人が持つ「代理権」はありません。基本的に生命保険募集人は、皆さんと保険会社の仲介（媒介）役として存在します。つまり、皆さんの保険契約の締結や、告知などを受領する権限は持っていないのです。ただし、第1回目の保険料を受領する権限は持っています。

生命保険募集人は契約者と保険会社の仲介（媒介）役

このように、「代理権」を持っているのかどうかが、損害保険募集人と生命保険募集人の大きな違いです。

それではなぜ、同じ保険募集人なのにこのような違いがあるのでしょうか？

――生命保険募集人に申し込みや告知をしても契約成立ではない

違いの理由は、損害保険と生命保険には、それぞれ保険金を支払うリスクが起きる確率の違いがあるからです。

まず、損害保険の例で考えてみましょう。

車を運転する人は、強制加入の自賠責保険（自動車損害賠償責任保険）とともに、ほとんどの人は任意で自動車保険に加入していると思います。万一の人身事故や対物事故、車の損傷などに備えて入る保険です。

車は安全運転を心がければとても便利なものですし、事故を起こす可能性も低くなります。つまり、ドライバーの安全に対する意識や技術など、運転方法によって事故の確率をゼロに近づけることはできそうです。しかし、自分がいくら注意して運転していても、突然飛び出してきた車や人と衝突してしまう可能性はあるでしょう。そんなときのために自動車保険に加入するわけです。

次に生命保険を考えてみましょう。

代表的な生命保険といえば、終身保険や定期保険、収入保障保険などがあります。これらの保険は、基本的には死亡時の経済的な備えとして加入する保険です。もちろん、人が死亡する時期を予想することはできません。しかし、人の命は永遠ではなく、誰もがいつかは最期のときを迎えることになります。

このように、死亡という人の生命に関して保険金を支払う生命保険では、とくに一生涯の保障が続く終身保険で考えれば、保険会社から見れば、いつかは必ず保険金の支払いが発生します。人の賠償や物の損害に対して保険金を支払う損害保険では、すべての契約に対して保険金を支払うわけではありません。

生命保険は、基本的に人の死亡時や病気・けがなどの入院時に保険金や給付金の支払いが発生します。そのため、加入の際には保険金や給付金の支払い対象になる人（被保険者）が、どれくらい死亡や病気になるリスクを持っているのかを、保険会社が事前に確認する必要があるのです。そのために、保険の申し込み時には、職業、健康状態、過去の傷病歴などを保険会社に告知するわけです。

保険会社は、その告知内容を元にして、保険契約を引き受けるかどうかの判断をします。そのため、一定のケースに当てはまる場合は健康診断書の提出や、病気の経緯・服用していた薬の告知なども必要になります。

これら告知に関する内容の査定は、医学的な専門性や判断力が求められます。そのため、生命保険募集人が、保険会社の代理で告知内容の判断をすることは無理があるとの観点から、生命保険募集人は、損害保険募集人のように申込書や告知書を保険会社の代理として受領する権限は与えられていないのです。

生命保険の申込書や告知書、第1回目の保険料などを生命保険募集人が受領しても、その時点で契約が成立するわけではありません。その後、保険会社が申込書や告知書の内容を確認し、保険会社が承諾して初めて保険契約が成立します。

募集人は保険会社との「橋渡し役」としての役割も

今、日本で、1年間にどれくらいの人が亡くなっているかご存じでしょうか。

厚生労働省「平成25年人口動態統計(確定数)の概況」によると、平成25年中(1月1日から12月31日)に死亡した人は126万8436人でした。これを時間当たりに直してみると、約24・9秒に一人が亡くなっていることになります。

もしも、亡くなった人すべてが生命保険に入っていたとすれば、保険会社は24・9秒ごとに死亡保険金を支払っているということです。生命保険は、平穏無事に生活しているときにはありがたみを感じないかもしれません。しかし、保険に入っていた人が病気や事故で亡くなったとき、残された家族にとっては、悲しみを乗り越えるための生活資金の一部として、保険金はとても重要な経済的援助となるでしょう。

このように、生命保険は万一のことが起きたときに、確実に保険金を受け取れるようにすることが大切です。そのためには、例えば月払いの保険契約であれば毎月、確実に保険金を払い込んでいく必要があります。

しかし、保険契約は長期間保険料を払い込んでいくことになりますので、その途中では意図しなくても、保険料引落口座の残高が足りずに引き落とせない場合もあるでしょう。月払の場合は、翌月一杯は保険料払い込みの猶予期間がありますから、それまでに払い込みが確認できれば契約が続きます。しかし、それを過ぎてしまうと「失効」といって、保険契約がなくなり、いざというときにも保険金が受け取れない事態になってしまいます。

生命保険募集人には、大切な保険契約を保険料の未納などで失効させることなく確実に継続していただくため、皆さんと保険会社をつなぐ「橋渡し役」としての使命もあります。ただ単に、営業活動のために募集人がいるのではありません。本当に保険が必要な人たちに対して保険のコンサルティングを行い、契約後には保険契約がしっかりと継続するように活動するのが生命保険募集人です。また、保険会社の存続も、契約者が確実に保険料を払い込むことで初めて実現することなのです。

――いざというときに頼りになる保険代理店とのおつき合い

保険に加入した後、結婚して姓が変わったり、家を買って住所が変わったりというのはよくあることです。また、保険証券を紛失して保険会社の連絡先がわからなくなることもあるでしょう。そんなときには保険代理店へ連絡すれば対応してくれます。

また、保険金を請求するような事態になったときには精神的な動揺もありますから、複数の保険会社で加入している場合などでは、どの保険をどの保険会社で加入したのかわからなくなることがあるかもしれません。その場合でも、保険代理店のカスタマーセンターへ連絡すれば、すべて保険代理店のほうで手続きをしてくれます。

また、生命保険は一度入ればそれで終わりではありません。人生のライフステージである、結婚・出産・住宅購入・定年などのタイミングでは、保障の過不足について確認しながら、保険の内容を見直していくことも必要です。

そんなときこそ頼りになるのが、保険のプロである生命保険代理店です。また、前述の通り保険代理店とはいっても、1社専属の代理店もあれば、複数の保険会社の商品を取り扱う乗合代理店もあります。保険を新規で加入するときも見直すときも、1社専属の代理店よりも、乗合代理店のほうが保障や保険料の選択肢は増えます。

また、乗合代理店に所属する募集人は、複数の保険会社の保障に対する考え方や、商品の特徴について研修を受けていますので、より客観的な立場から保険提案をしてもらえる可能性が高まります。

より皆さんの立場に近い視点から、アドバイスや提案を受けることのできる保険代理店を選ぶことも、保険を選ぶこと以上に大切なことといえるのではないでしょうか。

――万一のときにもお金で困らないよう大勢で助け合うのが「保険」

ところで、保険という制度はどのような経緯でできたのか？　諸説ありますが、少しだけその歴史を見てみましょう。

中世ヨーロッパの都市では、商人や職人などが集まって作った「ギルド」と呼ばれる同業者組合が、会費を集めて仲間のための冠婚葬祭など、資金援助や生活援助をしていました。これが、保険の基本的な理念の源になったといわれています。

また、17世紀末になると、イギリス・ロンドンのセントポール寺院の牧師全員で、「香典前払組合」という組合が作られました。仲間に万一のことが起きたときの香典として、毎月一定の金額を集め、仲間が死亡したときにはその中から、遺族に香典を渡すという仕組みでした。しかし、今とは違って保険料は年齢に関係なく一律だったため、若い年代を中心に不公平感が強まり、解散してしまいました。

その後、イギリスの数学者によって、公平に保険料を負担する方法が開発され、１７６２年に世界初の生命保険会社が設立されました。

このように、万一のときに必要なお金を準備するために皆で少しずつお金を出し合い、誰かが経済的に困ったときには、その中からお金を支払うというのが保険の基本的な仕組みです。つまり、「一人は万人のため、万人は一人のため」という助け合いの精神（相互扶助）が、生命保険の大切な考え方となっているのです。

保険は「相互扶助」が基本

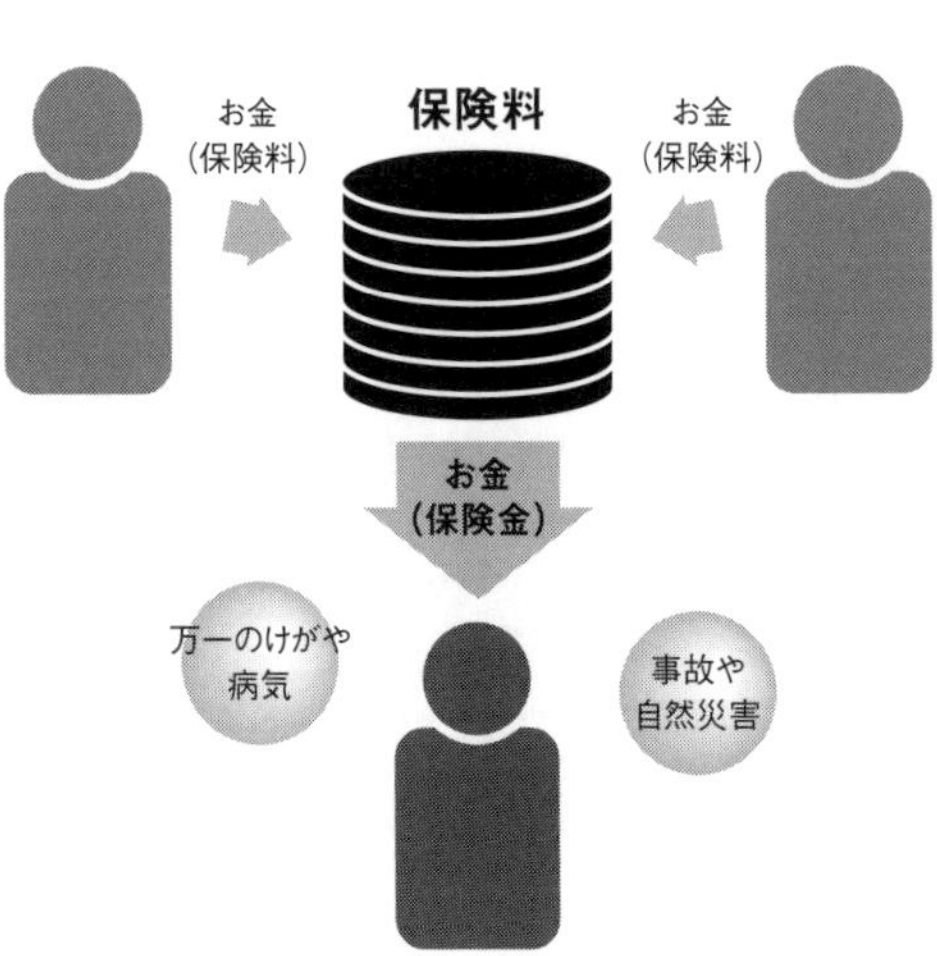

保険はどこで相談して入ったらいいのか

――保険の相談場所は増えている

「保険の話を聞きたい！」と思ったら、どのように相談場所を選んでいけばよいでしょう。

最近は、従来からある国内保険会社に加えて、外資系の保険会社、損保系の保険会社、インターネットの保険会社など、さまざまな保険会社が参入しています。そして、それぞれの保険会社から、多くの種類の保険が販売され、さらに毎年のように新商品が発売されているのが現状です。

また、加入する場所（チャネル）も増え、1社の保険だけでなく、複数の保険会社の商品を比較しながら加入できる環境が整っています。

例えば、保険会社の営業職員が訪問するケースや、保険専門の代理店で加入する方法があります。また、保険代理店には、来店型といって自分で店を訪ねて加入する方法や、自宅に訪問してくれる訪問型の代理店もあります。また、インターネットや通信販売など、対面でなくても保険に入れるルートが用意されています。

保険は住宅に次いで高額な買い物といわれるほど、最終的にはたくさんの保険料を払うことになります。高額な保険料を払うなら、自分の保障目的にあった、納得した保険を選びたいもの。そんなときには、保険のプロに相談してみるのが、保険選びの近道になります。数多くの保険商品の中から、自分の保障目的に合った保険を選ぶためにも、どのような加入ルートがあって、どのように使い分けたらいいのかを知っておきましょう。

——保険の加入チャネルはこんなにある！

保険は勧められるままに入るのではなく、相談相手や相談窓口を利用しながら、自分の目的に合った、納得できる保険を選ぶことが大切です。

保険の加入ルートには、大きく分けて「来店型」「訪問型」「セルフ型」の3つのルートがありますが、それぞれの特徴を見てみましょう。

1．来店型

来店型には、「保険ショップ」や「銀行」があります。

保険ショップは、保険代理店が運営していて、ほとんどが複数の保険会社を取り扱う「乗合代理店」です。自分から店舗に出向き、たくさんの保険会社の商品の中から、保障内容や保険料などを比較しながら保険相談をします。街角やショッピングセンターなど、全国各地に店舗を構えていて、気軽に立ち寄って相談することができます。

銀行も、保険代理店として保険を販売しています。ただし、保険は投資信託や国債などと同じく、金融商品のひとつと位置づけられています。

2．訪問型

訪問型には、「訪問型代理店」「保険会社営業職員」があります。

訪問型代理店は、自宅や職場など、希望の場所で保険相談をしてもらえます。複数の保険会社の商品を取り扱っていて、保障内容や保険料を比較しながら保険選びが可能です。

保険会社の営業職員は、国内生保と外資系生保に分けられます。国内生保の営業職員は女性が多いことから「生保レディ」とも呼ばれ、かつては保険販売の主流でした。しかし、現在では会社のセキュリティやプライバシーの問題から、出入りが制限されているため減少傾向にあります。外資系生保は男性の職員が多く、「ライフプランナー」などとも呼ばれ、個別のライフプランに基づいた、保障と資産形成をセットにしたコンサルティングを得意としています。

国内生保や外資系生保の営業職員が取り扱う保険商品は、所属する保険会社の商品のみになります。

3. 非対面型

インターネットの保険会社では、ネット環境があれば24時間いつでも資料請求や保険料試算はもちろん、保険の申し込みまで可能です。商品内容もシンプルで、ホームページは初めての人にもわかりやすい構成になっています。

通信販売は、テレビや新聞・雑誌などに掲載された広告を見て資料を請求し、郵送で申し込むのが特徴です。

非対面型は、保険についての情報収集をしながら、自分のペースで保険を選びたい人や、人と会うのが煩わしいという人には便利な加入方法です。

保険は、保険相談をしたところで加入するケースがほとんどです。それぞれの加入ルートの特徴を理解して、自分に合ったルートで保険選びを実現しましょう。

保険加入ルート別のメリットとデメリット

	加入ルート	メリット	デメリット
来店型	保険ショップ	•複数の保険会社の商品を比較できる •便利な場所にあるので気軽に立ち寄れる	•店舗ごとの相談レベルが均一 •予約の取扱い時間に制限がある
	銀行	•店舗が多いので、相談に利用しやすい •保険だけでなく、総合的な資産相談が可能	•保険のプロではないので、商品知識に不安がある •営業時間が限られている
訪問型	訪問型代理店	•内容を比較しながら保険選びが可能 •希望する場所で相談できるので便利	•担当者のレベルの差が異なる場合がある •知名度が低いため、安心感の欠如がある
	保険会社営業職員	•きめ細やかな対応をしてくれる •専門性の高い保険相談が期待できる	•1社専属なので、他社との商品比較ができない •職員の離職率が高く、担当者が頻繁に替わる
非対面型	インターネット	•ネット環境があればいつでも保険に入れる •保険セールスと会う煩わしさがない	•専門家のアドバイスが受けられない •保障やプランはすべて自分で決める必要がある
	通信販売	•商品がシンプルでわかりやすい •保険セールスと会う煩わしさがない	•郵送なので、保障開始までに時間がかかる

RK
CONSULTING
株式会社RKコンサルテ

監修者から③

お客様にとって必要なものを引き出せるのが訪問型販売のメリット

ショップ、訪問、ネットなど、今はいろいろな入り口から保険に加入することができます。ところが実際は多くの方が、親戚から入れば大丈夫だろうとか、知り合いならば間違いないだろうという曖昧な選択により、内容もよくわからないまま加入しています。保険は「何が必要なのか」しっかり理解した状態で加入するのが大前提です。

そう考えると、ショップやネットはあまりお勧めできません。「毎月の支払いを安くしたい」という理由で保険の見直しを考え始める

山本 洋一
Yoichi Yamamoto
東京中央支社所属
エグゼクティブコンサルタント

方が多いのですが、家計の見直しという意味ではいいことだと思います。ただ、ご自身で知識を身につけて、ショップやネットで自ら選べるほど保険は単純ではありません。さらにショップの店員さんは、誘導するための話術をトレーニングされていますから、売りたいものを売られてしまうこともあります。また、そもそも保険とは他のお客さんもいるザワザワとした場所でちょっと相談して買うような商品ではありません。

弊社の話で恐縮ですが、入社時に「お客様のために自由にやってください」と言われました。つまり会社が売りたいものを売りなさい、ではないんです。私自身、プランニングする際にコミッションの額はまったく見ません。ですから一人のお客様に最低でも4時間くらいお時間を取っていただき、その方が何をしたいのかを徹底的に探り、何を守りたいのかをお聞きします。その作業が楽しくて仕方ありません。そして最初は赤の他人だったお客様と価値観が共有できたときに信頼が生まれ、契約につながるわけです。これは訪問型だからこそできることで、お客様にとってもプランナーにとっても大きなメリットです。

そもそも保険は「あたたかい」ものだからハートで売る

私はけっして話がうまくありません。セールスマンとしての能力は低いと思っています。それでもお客様に支持していただけているのは、一番大事なハートが伝わっているからだと自負しています。何よりも大切にしているのは、お客様を心から好きになること。そうでないと健全な好奇心を持ってお話しできません。目の前のお客様をすごく好きになって「この方の人生を守りたいな」と思ったときに、その方が何を必要としているかを真剣に考えられるんです。

もうひとつ大切にしているのは、ご夫婦で会えない場合はご提案しないということです。会社に来てと言われた場合は、奥様と会えないのでお断りします。なぜなら、そもそも保険金を受け取るのは誰かという話だからです。けっして安くないお金を毎月支払うのは、誰のためですか？　その大事な部分を保険のセールスマンも含め、ほとんどの方が忘れているんです。

生命保険に入るなら、その仕組みも知っておこう！

――保険は「主契約」と「特約」で構成されている

「保険は複雑で難しそう……」

そんなイメージを持っている人は多いでしょう。でも、保険に入るのなら基本的な仕組みは知っておきたいものです。保険の仕組みを知っておけば、自分の入っている保険の保障内容の確認はもちろん、保険を見直すときにも役立ちます。

1．主契約と特約

生命保険は、「主契約」と「特約」の2つで成り立っています。

例えば、生命保険に入ると、死亡したときの死亡保険金や、病気やけがで入院したときの入院保険金など、いくつかの保障がついているのが一般的です。

この中で、メインとなる保障が「主契約」。主契約で足りない部分を補い、保障を充実させるためのオプションとなる保障が「特約」です。つまり生命保険は「主契約（メイン）＋特約（オプション）」が基本的な構成です。

主契約となる代表的な保険には、「終身保険」「定期保険」「養老保険」などがあり、これらを主契約として単独で契約することができます。

終身保険、定期保険、養老保険は、死亡したときの保障を主な目的として選ばれる保険です。

また、これら死亡時の保障以外にも、病気やけがのときの入院保障を目的とした「医療保険」や、がんになったときの保障に特化した「がん保険」があります。

特約としてつけられる保険や保障にはたくさんの種類がありますが、特約はあくまでもオプションなので、特約を単独で契約することはできません。原則として主契約とセットで契約します。

また特約は、主契約の保障がなくなると同時に特約の保障もなくなる、特約の保障期間は主契約より長くすることはできないなどの注意点があります。

2. 保険期間と保険料払込期間

どのような保険に入るにしても、保障が続く期間（保険期間）があります。また、保険料を払っていく期間（保険料払込期間）にも、さまざまな方法がありますので知っておきましょう。

保険期間には、「定期型」と「終身型」の2つがあります。

「定期型」は、一定期間の保障があります。10年間あるいは60歳までなど、保障の続く期間を決めて、満期が来るとそこで保障は終了します。保険料払込期間は、定期型の場合、保険期間と同一の期間になるのが一般的です。

定期型には、さらに「全期型」と「更新型」があります。

全期型は、満期までの期間を30年など、長期で契約する方法です。期間の途中で更新はなく、保険料も一定で上がることはありません。

更新型は、満期が来ると再び同じ保障内容で自動的に契約が更新されますが、保険料は、更新するときの年齢で再計算されるため、更新前よりも高くなります。更新は、保険商品や保険会社によって違いますが、最長で80歳など一定年齢までです。

「終身型」は、保障が一生涯続きます。満期はなく、やめない限り保障が続きます。保険料払込期間は、60歳までなど、一定年齢で払い終える方法（これを〝短期払い〟といいます）と、生きている限り払い続ける方法（これを〝終身払い〟といいます）があります。

また、保険料は、終身払いのほうが短期払いよりも安くなります。

3. 保険料の払込方法

保険料を支払う回数や方法にも、さまざまな種類があります。

保険料の払込回数は主に、「月払い」「半年払い」「年払い」「一時払い」「全期前納払い」などです。

「月払い・半年払い・年払い」は、それぞれ、毎月、半年に1回、1年に1回支払う方法です。

「一時払い」は、保険期間全体の保険料を契約のときにまとめて支払う方法です。支払回数が多いほど保険料が割高になります。また、保険契約ごとに払込方法を変えることも可能です。

「全期前納払い」は、全保険期間の保険料を保険会社に預けるような形で、1回で支払う方法です。保険事故発生時や解約時に、未経過分の保険料が、一時払いでは「返還されない」のに対し、全期前納払いでは「返還される」という特徴があります。

保険料を払い込む経路には、一般的な銀行の口座振替の他、クレジットカードで支払える場合もあります。ただし、口座振替の場合は、1回当たりの最低保険料が決められている場合もありますので、ひとつだけの月払い契約で保険料が低い場合などは、半年払いや年払いで支払う場合もあります。また、クレジットカードの場合は、毎回の保険料に一定の上限が決められている場合もあります。

保険料の払い込み方法や払い込み経路は、保険会社によって取り扱いは違います。また、契約の途中でも月払いから年払いへ、あるいは口座振替からクレジットカード払いへと変更できる場合もあります。

死亡したときの保障には、どのような種類がある？

――生命保険は、万一のときに家族の生活費のために

保険には多くの種類がありますが、ここでは生命保険について、基本的な仕組みを見てみましょう。

生命保険は、保険金支払いの対象になる人（被保険者といいます）が死亡したときに保険金を受け取れる保険で、「死亡保険」ということもあります。

万一のときに保険金を受け取るのは家族になりますから、生命保険は、家族が生活していくのに必要な保障を備えるために入る保険ともいえます。

また、同じ死亡保険金、例えば1000万円を受け取る保険でも、A社は保険料が80

０万円、Ｂ社は５００万円と保険料率が異なります。１万円の保険料を払っただけでも、万一のことが起こった場合に保険会社には支払い義務が生じるなど、保険料を払うことで何が買えたのかを確認することが非常に重要です。

生命保険は、保障の続く期間（保険期間）や、保険金の受け取り方、満期金や保険料の戻しの有無によって、主に「終身保険」「定期保険」「養老保険」「収入保障保険」の４種類に分けられます。それぞれの保険の特徴を見てみましょう。

――それぞれに特徴のある生命保険

１．終身保険

死亡保障が一生涯続く保険が終身保険です。死亡した時期に関係なく、保険金を受け取ることができます。保険金を受け取った時点で、保障は終了になります。

保険料は、一定年齢または一定期間などに払い込む「短期払い」と、一生涯にわたって払い込む「終身払い」があります。また、途中で解約した場合には「解約返戻金《へんれいきん》」といって、それまで払い込んだお金の一部が、戻ってくるようになっています。

終身保険は一生続く保障を活かし、死亡後に必要な葬儀代などの死後の整理費用の準備に利用される他、解約返戻金を活用した、老後生活費の準備にも利用されます。

また、保険金は受取人を指定できるので、財産を保険金という形で、相続させた人に確実に渡せることから、相続対策としても利用されます。

2. 定期保険

定期保険は、一定年齢または一定期間など、保障の続く期間が限定された保険です。この期間内に死亡した場合に、保険金を受け取ることができます。

終身保険の仕組み

保障が一生涯続く保険です。いつ死亡しても保険金が受け取れるので、主に葬儀費用などに利用されます。

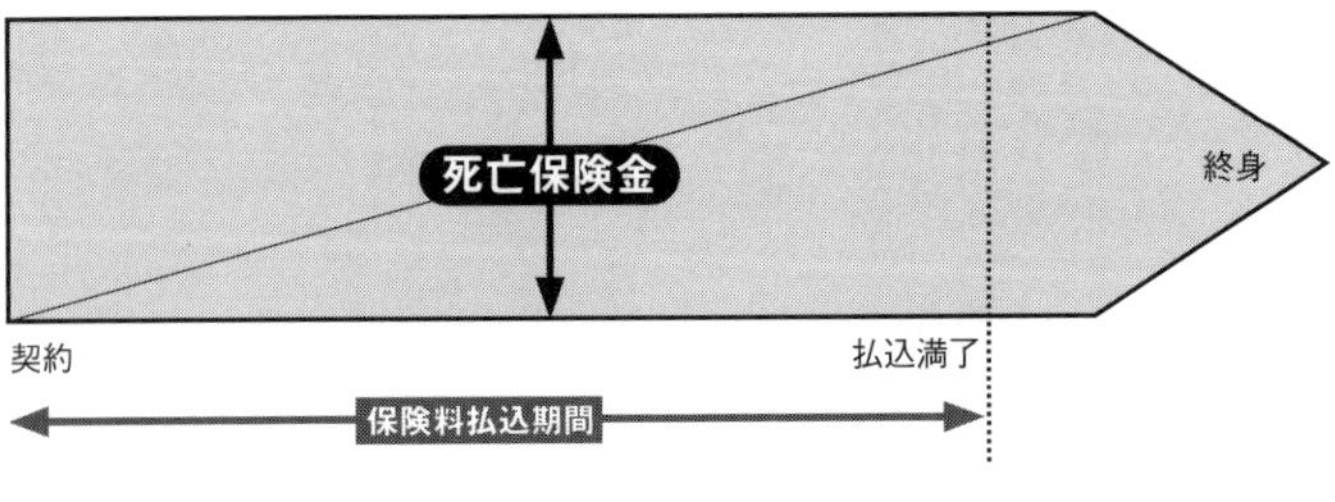

保険料は満期が来るまで払い込みますが、満期返戻金はないので、保険料は原則として掛け捨てになります。満期が来たとき、または死亡して保険金を受け取ったときに保障は終了します。また、途中で解約した場合、基本的には解約返戻金はない場合がほとんどです。

定期保険は、万一のことが起きたときに家族の生活保障として利用されます。割安な保険料で大きな保障が得られるので、子育て中など、家計の負担が重い時期に保険料を抑えながら備えるのに適した保険です。

3. 養老保険

養老保険は、死亡時には死亡保険金を、満期時には死亡保険金と同額の満期金を受け取ることのできる保険です。つまり、保障と貯蓄の2つの機能を持っています。

定期保険の仕組み

保障期間の決まっている保険です。保険料を抑えながら、
一定期間大きな保障が得られます。

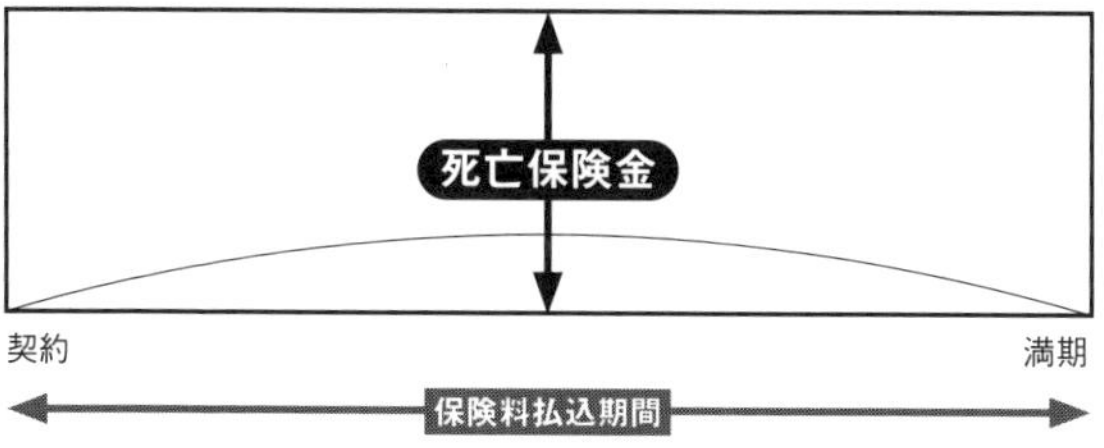

保障の続く期間は、定期保険と同じ一定期間で、期間や満期年齢を決めて契約します。保険料は満期まで払い続けますが、満期金があるので保険料は高めです。

保障は、期間の途中で死亡して保険金を受け取った場合、もしくは満期が来て満期保険金を受け取った時点で終了します。また、途中で解約した場合、解約返戻金は払い込んだ保険料を下回ることがあります。

養老保険は、死亡時の保障というよりも、貯蓄機能を重視した将来の資金作りに利用される保険です。子どもの教育資金準備としての活用や、定年後のセカンドライフの資金作りに適した保険です。

4. 収入保障保険

養老保険の仕組み

死亡保険金と満期金、いずれかを受け取れる保険です。
保障よりも貯蓄を重視するときに利用する保険です。

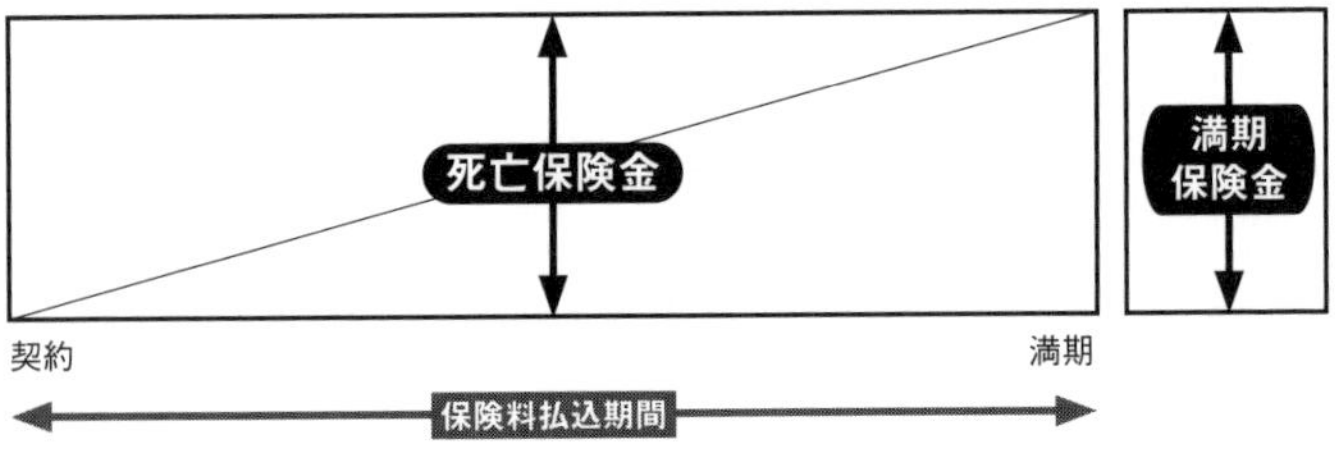

収入保障保険は、定期保険の仲間なので、保障の続く期間は定期保険と同じく一定期間です。大きな特徴としては、保険金を一括で受け取るのではなく、毎月の給料のように分割で受け取ることです。

定期保険の場合は、保障が続いている間は、いつ死亡しても同じ金額の保険金を一括で受け取ることができます。それに対して収入保障保険は、保険金を受け取る時期によって、受け取る保険金の総額が変わります。また、満期の直前に死亡した場合でも、その時点から一定期間は保険金がもらえる「最低保証期間」のある商品もあります。

収入保障保険は、定期保険と比べると保険料は割安なため、子どもが独立するまでの間など、家計の支出が多い時期に、コストをかけずに大きな保障を準備したいときに適した保険といえるでしょう。

収入保障保険の仕組み

保険金を一括ではなく分割で受け取る保険です。
割安な保険料で、一定期間の保障を持つことができます。

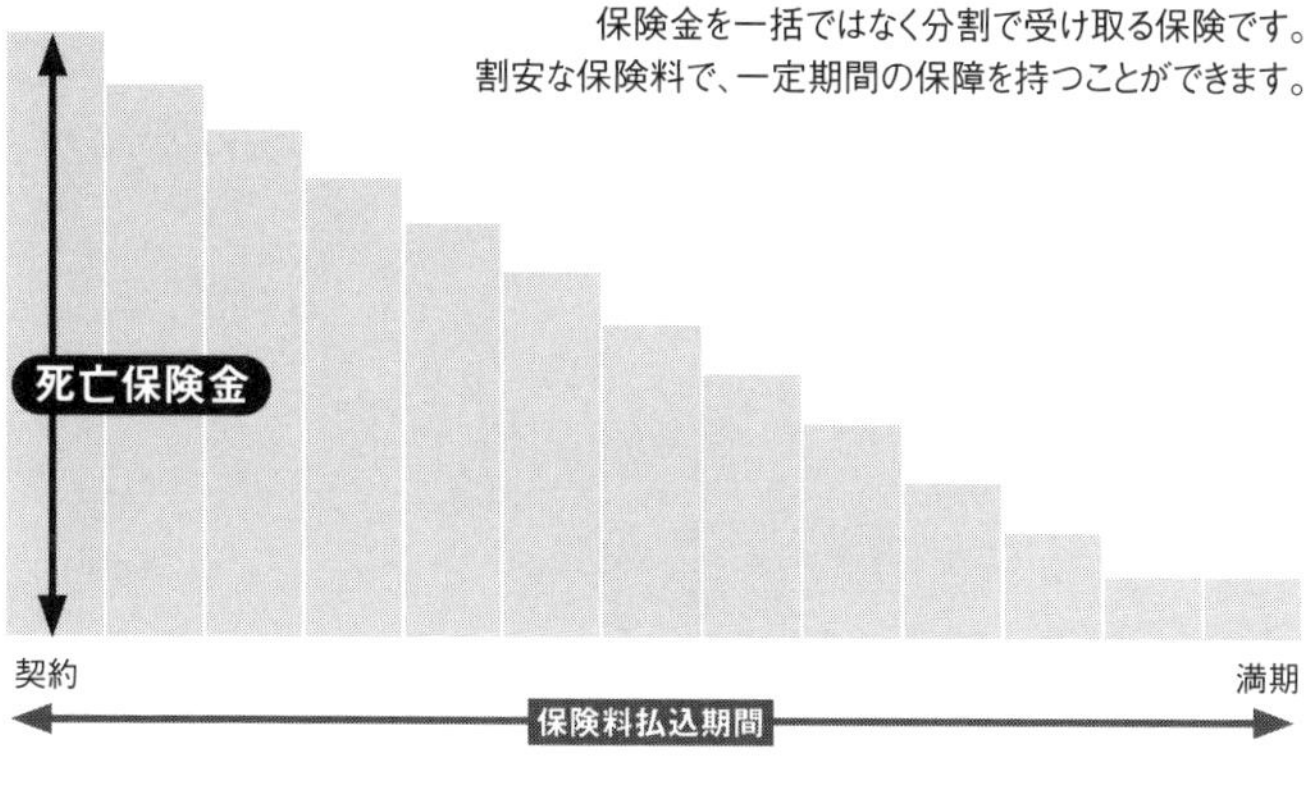

保険に入る前に知っておいてほしいこと

――保険に入る前に「持っている保障」の確認を

これから保険を検討する人や、保険を見直そうと考えている人は、まず保険に入る目的を考えてみてください。

「自分に万一のことが起きたときには、家族へのお金を残したい」「病気やけがで入院したときの治療費に備えたい」など、それぞれ保険に頼りたいケースは違うと思います。

しかし、いずれの場合も、保険に入る前にはぜひ知っておいてほしいことがあります。

それは、皆さんがすでに持っている「保障」についてです。

「すでに持っている保障」とは次の2つのことをいいます。

・公的保障（年金や健康保険）

・企業保障（死亡退職金や弔慰金）

公的保障には、老齢年金、遺族年金、障害年金、健康保険、介護保険、労災保険、雇用保険など、さまざまな保障が用意されています。

一方の企業保障には、会社の規模により福利厚生制度があります。退職金制度のある会社であれば、死亡したときの死亡退職金について、社内規程が設けられているのが一般的です。また、規程によっては弔慰金や遺児育英年金などが支給されることもあります。

――すでにある保障で足りないときには保険に入る

このように、民間の保険に何も入っていなかった人でも、国や会社により、さまざまな保障がすでに準備されています。生命保

保障を考えるときのピラミッド

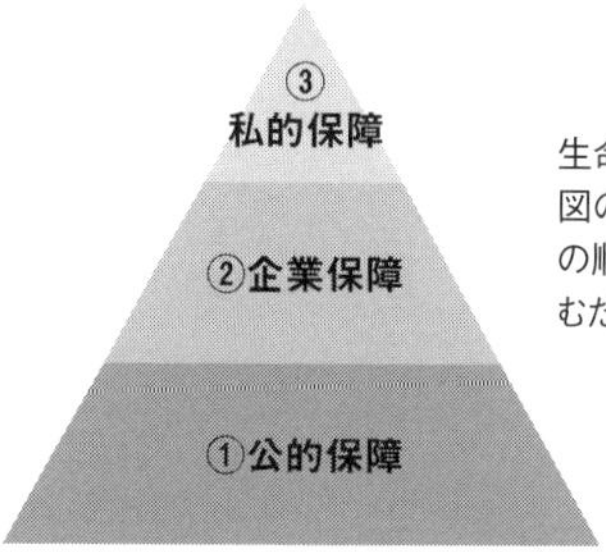

生命保険や医療保険を選ぶ際は、
図のように①公的保障、②企業保障、③私的保障、
の順番で考えると、必要以上の保障にならず、
むだなく保障を準備することができる。

険や健康保険に入る前に、公的保障や企業保障の制度内容を知っておけば、必要以上に多くの保険に入ったり、多額の保障をつけたりして高い保険料を払うことにならずに済みます。つまり、これらの保障で足りない部分を、自分の預貯金や民間の保険で備えるのが基本になります。

自分でコツコツと貯蓄してお金を貯められれば、軽いけがや病気で入院したときの医療保障として利用できます。毎月５０００円積み立てれば、１年間で６万円、10年経てば60万円になります。医療費の自己負担は３割ですから、例えば手元に10万円の現金があれば、この10万円は約33万円の医療費の自己負担分に相当します。

一方、死亡保障を貯蓄で賄うのは難しいでしょう。遺族年金を考慮しても、一般的には手持ちのお金だけで備えるには時間がかかります。人の死亡など、いつ起きるかわからない大きなリスクに対しては、定期保険などの生命保険が役立ちます。

――保険は定期的なメンテナンスが必要

保険は一度入れば、そのままでいいというわけではありません。

結婚、子どもの誕生、住宅購入、子どもの独立など、人生の中ではいろいろなイベントが考えられます。このようなイベントが発生するタイミング（ライフステージ）では、それまで入っていた保険を見直す必要も出てきます。

結婚や子どもの誕生では、自分に万一のことがあったときの、家族の生活費や子どもの教育費を確保するために、一定期間の大きな死亡保障として定期保険に入ります。また、ローンを組んで住宅を購入すれば、ローン分は団体信用生命保険で精算されますから、必要な保険金額は下がる可能性もあります。

このように、ライフステージに応じて保険を見直していくことで、適正な保障とむだのない保険料で、家族の生活を守っていくことができます。

監修者から④

裏切らない、逃げない、約束は必ず守る

お客様との関係で大切にしていることは、どんなときでも裏切らない、逃げない、約束を守る、の3つです。例えば玄関先の蜂の巣駆除や、天井裏のネズミについてご相談を受け、解決してさしあげたこともあるんです（笑）。

お問い合わせに対しては、基本2時間以内にお客様が安心できるような状態にすることを心がけています。お客様はたいてい「いつでもいいよ」とおっしゃいますが、それを真に受けて翌日、翌々日……と延ばしていたら私が担当する意味がない。お客様は経済的、精神的に支えてくださる、いわば私の命を支えてくださる存在です。

中村 有
Yu Nakamura

新潟支社長

トータル・ライフ・コンサルタント
（生命保険協会認定FP）

そんな大切な方々を不安にさせたまま何日も放っておくわけにはいきません。

保険はお客様それぞれに合わせられるオーダーメイドの貯金法

保険のお話をするときには、まず保障額を算出するためにニーズ算定し、洋服のサイズを測るように細かく測定します。なぜそれが必要かも丁寧にご説明します。また親や兄弟も含めた家族についてもヒアリングします。普通はここまでしないプランナーが多いのですが、親や兄弟ってじつは利害関係がありますよね。この方たちのリスクもご本人同様、見逃すわけにはいかないポイントなんです。

医療保険に関しては、個人的には「お守り」としての側面が強いと考えています。よくお客様には「病気になったときだけ取り出せる貯金箱」「イザというとき扉が開き、まだ50万円しか積み立てていなくても300万円、400万円取り出せる貯金箱」とご説明します。一生健康だったら取り出せませんが、保険料を支払っているときも「安心」を得られますし、何より自分で貯めようとすると、どうしても途中で取り出して使ったりしますよね。

また医療保険は、公的医療制度が変わったり、新しい治療法が開発されたりと、時代によって細かな見直しが必要です。となると一番大切なのは担当者です。きちんと見直しの提案ができて、イザというときにお客様ご自身が動かなくても迅速に給付金を受け取る手続きをしてくれる担当者さえいれば、極端な話、どんな保険でもいいくらいです。

生命保険に関しては、「保険会社が潰れたら？」「預貯金はやっぱり銀行だよね？　元本割れしないし安全でしょう？」とおっしゃる方が多い。でも物価は必ず上がります。2％ずつ30年間上がったら、1000万円預けていても500万円ほどの価値に下がるということです。そう考えると、外貨かつ利率変動型の保険のほうがよほど安全。プラス、払えなくなったら途中でやめられるよう、解約返戻率が高いタイプを選ぶ方法もあります。つまり停止ボタンがついていて、押すことができるんです。他にも払い込み年齢を変えたり、証券分割したり、「安全」「安心」「気軽」そしてお金が「殖《ふ》える」。保険で貯めるとたくさんのものがついてきます。これ以上の貯め方、なかなか考えられないのではないでしょうか。

生命保険で税金の負担を軽くする方法とは？

――所得税・住民税の負担が軽くなる「生命保険料控除」

生命保険に加入し保険料を払い込むと、保険料の一定額が契約者の所得から差し引かれて、所得税・住民税の税負担が軽減されます。この税法上の特典を「生命保険料控除」といいます。

生命保険料控除を受けるには、契約者が年末調整や確定申告のときに自分で申告する必要があります。保険契約をしたからといって、自動的に控除され、税金が安くなるというわけではありません。

1．生命保険料控除の仕組み

生命保険料控除は、２０１２年1月1日以降の契約に適用される「新契約」と、２０１1年12月31日以前の契約に適用される「旧契約」があります。２つの主な違いは、旧制度では「一般生命保険料控除」の中に含まれていた医療保険・介護保険の保険料控除を、新制度では「介護医療保険料控除」として新しく控除項目を作った点です。

下の表のように、新制度では①一般生命保険料控除、②介護医療保険料控除、③個人年金保険料控除の3つ、旧制度では①一般生命保険料控除、②個人年金保険料控除の2つに分かれ、所得税、住民税それぞれで控除があります。

保険料控除の種類と控除限度額

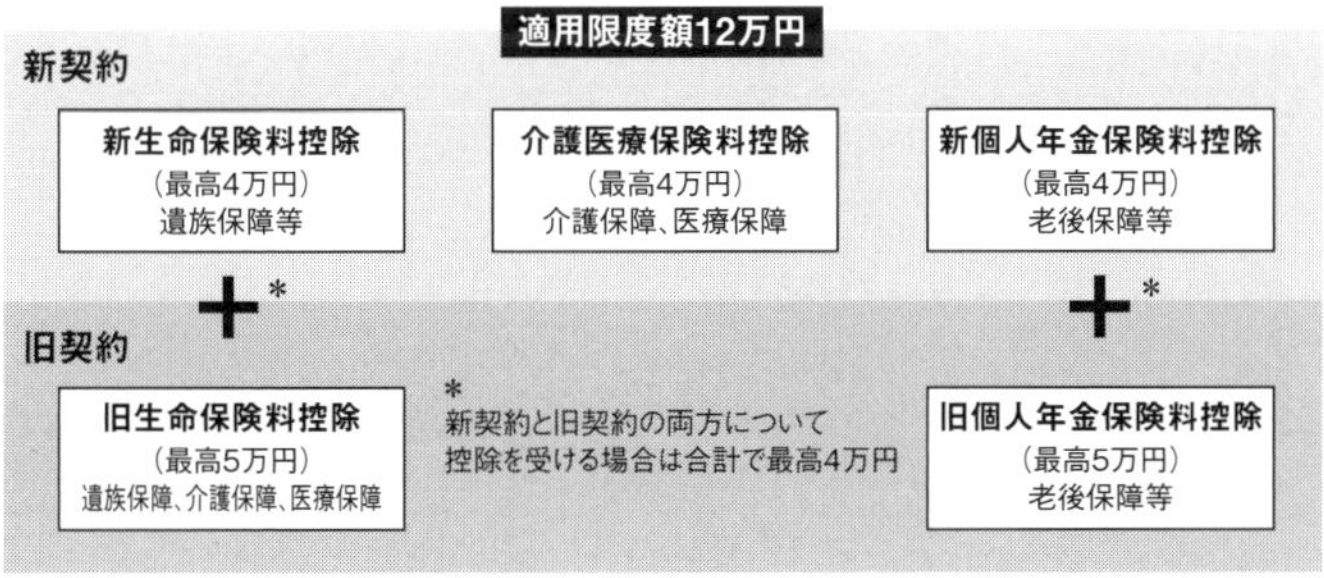

国税庁ホームページより:https://www.nta.go.jp/taxanswer/shotoku/1140.htm

新制度:2012年1月1日以降の契約

控除の種類	所得税控除限度額	住民税控除限度額
一般生命保険料控除	4万円	2万8,000円
介護医療保険料控除	4万円	2万8,000円
個人年金保険料控除	4万円	2万8,000円
全体の控除限度額	12万円	7万円

旧制度:2011年12月31日以前の契約

控除の種類	所得税控除限度額	住民税控除限度額
一般生命保険料控除	5万円	3万5,000円
個人年金保険料控除	5万円	3万5,000円
全体の控除限度額	10万円	7万円

※新旧両制度の対象契約がある場合、全体で所得税12万円、住民税7万円が限度となります

新制度の場合、所得税では、3つの控除で各々4万円が控除額の限度となり、全体で12万円が上限となります。住民税では、3つの控除で各々2万8000円が控除額の限度で、上限は7万円となります。

旧制度の場合は、所得税は2つの控除で各々5万円が控除額の限度で、全体で10万円が上限。住民税は、2つの控除で各々3万5000円が控除額の限度となり、上限は合計7万円です。

2. 生命保険料控除の対象

一般生命保険料控除・介護医療保険料控除の対象となるのは、保険金の受取人が契約者または配偶者、その他の親族（六親等以内の血族と三親等以内の姻族）である生命保険の保険料です。財形保険や保険期間が5年未満の貯蓄保険、団体信用生命保険などは控除の対象になりません。

また、個人年金保険料控除の対象となるのは、「個人年金保険料税制適格特約」のついた個人年金保険の保険料です。

この特約を付加するためには、「年金受取人が契約者またはその配偶者のいずれか」「年金受取人が被保険者と同じ」「保険料払込期間10年以上」などの条件をすべて満たす必要があります。また、個人年金保険料税制適格特約のついていない個人年金保険や変額個人年金保険は、一般生命保険料控除の対象です。

3. 生命保険料控除の減税効果と手続き

生命保険料控除ができる保険料は、その年の1月1日から12月31日までに払い込んだ保険料の合計額です。配当金が支払われた場合は、その年の保険料合計額からその分が差し引かれます。また、半年払いや年払いなど保険料を前納・一括払いする場合は、その年中に払込期日が到来する分を毎年控除します。一時払いの保険料は、全額を払い込んだ年のみ保険料控除の対象になります。

控除の手続きは、毎年10月頃、保険会社から「生命保険料控除証明書」が送付されてきますので、次のような手続きになります。

会社員など給与所得者の場合は、勤務先から配布される「給与所得者の保険料控除等申告書」に必要事項を記入し、「生命保険料控除証明書」を添付して、勤務先に提出し、年末調整により控除を受けます。保険料を給料天引きで払い込んでいる場合は、「生命保険料控除証明書」の提出は不要です。

自営業者など個人事業主の場合は、翌年2月16日から3月15日までの確定申告の際に、申告書に必要事項を記入し、「生命保険料控除証明書」を添付して税務署に提出します。また、生命保険料控除証明書をなくしてしまった場合は、生命保険会社に連絡すれば再発行してもらえます。

給与所得者、個人事業主のいずれの場合も、所得税の控除手続きをすれば、住民税の控除手続きは不要です。

郵便はがき

お手数ですが、
切手を
おはりください。

1 5 1 - 0 0 5 1

東京都渋谷区千駄ヶ谷4-9-7

(株) 幻冬舎

「10年後に後悔しない
保険の選び方・使い方」係行

ご住所 〒□□□-□□□□ Tel.(　　-　　-　　) Fax.(　　-　　-　　)		
お名前	ご職業	男
	生年月日　　年　月　日	女
eメールアドレス：		
購読している新聞	購読している雑誌	お好きな作家

◎本書をお買い上げいただき、誠にありがとうございました。
質問にお答えいただけたら幸いです。

◆「10年後に後悔しない保険の選び方・使い方」を
お求めになった動機は？
① 書店で見て ② 新聞で見て ③ 雑誌で見て
④ 案内書を見て ⑤ 知人にすすめられて
⑥ プレゼントされて ⑦ その他（　　　　　　　　　）

◆著者へのメッセージ、または本書のご感想をお書きください。

今後、弊社のご案内をお送りしてもよろしいですか。
（ はい・いいえ ）
ご記入いただきました個人情報については、許可なく他の目的で
使用することはありません。
ご協力ありがとうございました。

保険金を受け取ったときの税金はどうなる?

――税金の種類は契約関係で決まる

生命保険の保険金を受け取ると、原則として税金がかかります。どのような税金の種類になるのかは、保険金の種類、受け取り方の他、誰が保険料を支払い、誰に対して保険をかけ、誰が保険金を受け取るのかという、「契約者・被保険者・受取人」の関係などによって違ってきます。

死亡保険金、満期保険金、個人年金保険の場合、次ページの図表のように、契約の仕方によって所得税(＋住民税)、相続税、贈与税のいずれかの対象になります。

また、それぞれの税金は申告が必要な場合があり、税金の種類によって申告期限も決められています。

一方で、非課税となる保険金や給付金もあります。

入院・通院・手術給付金、障害保険金（給付金）、特定損傷給付金、がん診断給付金、特定疾病（三大疾病）保険金、先進医療給付金、高度障害保険金（給付金）、リビングニーズ特約保険金、介護年金・介護一時金などは非課税なので税金はかかりません。

次に、死亡保険金、満期保険金、個人年金保険の年金の3つの保険金について、どんな場合に所得税・相続税・贈与税がかかるのかを具体的に見てみましょう。

1．保険金に所得税がかかる場合

所得税が課税されるのは、死亡保険金、満期保険金、個人年金保険、いずれも契約者（保険料を払う人）と保険金の受取人が同じ場合です。

例えば、妻を被保険者にした生命保険で、夫が保険料

契約の仕方による税金の種類

受け取る保険金の種類	契約の条件	対象になる税金の種類
死亡保険金	契約者＝受取人の場合	所得税・住民税
	契約者＝被保険者の場合	相続税
	契約者、被保険者、受取人がそれぞれ違う場合	贈与税
満期保険金	契約者＝受取人の場合	所得税・住民税 （または20.315％の源泉分離課税）
	受取人が契約者以外の場合	贈与税
個人年金保険の年金	契約者＝受取人の場合	所得税・住民税
	受取人が契約者以外の場合	贈与税・所得税・住民税

※所得税の対象となる場合は、復興特別所得税・住民税も課税対象になります
※各種控除によって税額がゼロになる場合もあります
※一時払いで加入する生命保険の場合は、受取時に20.315％の源泉分離課税になるものもあります

を払い込み、妻の死亡で夫が死亡保険金を受け取るケースのように、自分で払い込んだ保険料を保険金の形で自分で受け取る場合です。

所得税は、保険金の受け取り方で所得の種類が違います。一時金で受け取る場合は「一時所得」、年金で受け取る場合は「雑所得」になります。


一時所得の場合、これまで払い込んだ保険料の総額が必要経費になるので、受け取った保険金にそのまま税金がかかるわけではありません。

一時所得の金額は、受け取った保険金の総額からすでに払い込んだ保険料を差し引き、さらに特別控除50万円を差し引いた後の、残りの金額を2分の1にした額になります。これを給与所得など他の所得と合算して総所得を算出し、そこからさらに所得控除をした金額に対して一定の税率をかけて所得税を計算します。

雑所得の場合は、その年に受け取った年金の額から、その金額に対応

税金の種類による申告期限

所得税	贈与税	相続税
所得が生じた年の翌年の2月16日から3月15日まで	贈与を受けた年の翌年の2月16日から3月15日まで	相続のあったことを知った日の翌日から10ヵ月目にあたる日まで

する払込保険料を差し引き、給与所得や一時所得など、他の所得と合算して所得税を計算します。また、年金で受け取る保険金が源泉徴収されている場合は、確定申告でその源泉徴収分を精算する必要があります。所得の状況によっては、確定申告で税金が還付されることもあります。

なお、5年以内に満期を迎える一時払養老保険の満期保険金は、金融類似商品となって、保険会社は満期保険金から払込保険料を差し引いた金額に、20・315%（所得税15%＋復興特別所得税15%×2・1%＋住民税5%）を源泉分離課税して、受取人に支払います。この場合は課税が終了しているので、確定申告の必要はありません。

また、5年を超える契約でも、一時払養老保険、一時払変額保険（有期型）などを、契約から5年以内に解約した場合は、前記と同様の取り扱いとなります。

2．保険金に相続税がかかる場合

保険金に相続税がかかるのは、死亡保険金のうち、契約者と被保険者が同一で、受取人が違う契約の仕方の場合です。例えば、夫が被保険者・契約者で、妻が死亡保険金の受取人となっているケースです。このケースでは、妻が受け取る死亡保険金は、相続財産と同じと考えられるので「みなし相続財産」として相続税がかかります。

ただし、生命保険の死亡保険金は、遺族の生活費になる大切なお金なので、死亡保険金には一定金額までは税金はかからず、相続人が保険金を受け取る場合に限って、「500万円×法定相続人の数」までは非課税です。

例えば、妻と子ども二人の場合には、500万円×三人＝1500万円が、非課税金額になりますので、妻が3000万円の死亡保険金を受け取った場合には、3000万円－1500万円＝1500万円を、他の相続財産の金額に含めて相続税を計算します。

相続税には生命保険金の非課税枠の他にも、被相続人に債務があった場合はその債務分が、また遺産相続人が葬式費用を負担した場合はその費用が、それぞれ控除されます。

相続財産の総額から、こうした控除をした残りが相続税の対象になる財産の金額（課税価格）になります。この課税価格から、さらに基礎控除を差し引いた額が相続税の課税遺産総額となります。相続税の基礎控除は、「3000万円＋600万円×法定相続人の人数」です。

3. 保険金に贈与税がかかる場合

死亡保険金で契約者、被保険者、受取人がそれぞれ違う場合、満期保険金や個人年金保険の年金で受取人が契約者以外の場合には、贈与税がかかります。例えば、死亡保険金だと、契約者が夫、被保険者が妻、受取人が子どものケース、満期保険金や個人年金保険の年金だと、契約者が夫、受取人が妻のケースです。いずれも保険料を負担して

相続税・贈与税の税率

相続税

法定相続分の財産	税率	控除額
1,000万円以下	10%	—
3,000万円以下	15%	50万円
5,000万円以下	20%	200万円
1億円以下	30%	700万円
3億円以下	40%	1,700万円
3億円超	50%	4,700万円

贈与税

父母・祖父母から20歳以上の子・孫への贈与

課税贈与金額	税率	控除額
200万円以下	10%	—
400万円以下	15%	10万円
600万円以下	20%	30万円
1,000万円以下	30%	90万円
1,500万円以下	40%	190万円
3,000万円以下	45%	265万円
4,500万円以下	50%	415万円
4,500万円超	55%	640万円

左記以外の贈与

課税贈与金額	税率	控除額
200万円以下	10%	—
300万円以下	15%	10万円
400万円以下	20%	25万円
600万円以下	30%	65万円
1,000万円以下	40%	125万円
1,500万円以下	45%	175万円
3,000万円以下	50%	250万円
3,000万円超	55%	400万円

いる契約者（夫）が生存しているので、受取人へ保険金を贈与したとみなされるのです。

ただし、贈与税には、一人について年間110万円までの基礎控除（非課税枠）があります。受け取った保険金からこの基礎控除を差し引いた金額が課税価格となり、これに別表の税率を乗じた額が贈与税額になります。贈与税の税率は図表の通りです。

もし保険料が払えなくなったら?

——保険料の払込猶予や保障の減額などさまざまな方法が

生命保険の保険料払い込みには、さまざまな方法があります。支払いの方法は、月払い、半年払い、年払い、短い期間で保険料を前納する短期払い、一度に一括で払う一時払いなどがあります。まとめて払う保険料の額が大きいほど、割引率が高くなります。

また、払い込み経路については、金融機関の口座振替が一般的ですが、クレジットカード払いや金融機関への振り込み、契約者が保険会社に出向いて直接支払う持参払い、保険会社の集金人に支払う方法、契約者が所属団体を通じて支払う団体払いなどもあります。

しかし、人生にはいろいろなトラブルが発生します。事故や病気で働けなくなったり、給与が減額されたりして保険料が払えなくなった場合は、どうしたらいいのでしょうか。

もちろん保険を解約することもできますが、一度解約してしまったら元に戻せないので、それは最後の手段。その前に可能な対処法がいろいろとあります。

●払込猶予期間

保険料の払込期日を過ぎても、すぐに契約がなくなるわけではありません。一定の払込猶予期間が設けられているので、その期間内に納めれば問題ありません。払込猶予期間は、例えば月払いの場合は、払込期月の翌月1日から末日までです（保険会社によって異なる場合があります）。

●自動振替貸付

払込猶予期間を過ぎても支払いがない場合は、保険会社が解約返戻金の範囲内で保険料を自動的に立て替えてくれます。ただし、解約返戻金がない保険や、自動振替貸付を利用できない保険の場合もあるので、保険会社に確認しましょう。

●失効と復活

払込猶予期間を過ぎ、さらに自動振替貸付も利用できない場合、契約は失効します。失効すると、その日以降、保険金は支払われません。

ただし、失効後、一定期間内（通常は3年）であれば、契約を元に戻すことが可能です。これを「復活」といいます。復活のためには、失効していた期間の保険料と利息を保険会社に支払い、さらに健康状態についての告知・診査が必要になります。なお、復活できない保険商品もあるので、注意してください。

●保障額の減額や解約で保険料を安くする

生命保険の保険金額（保障額）を減額あるいは解約すると、保険料は安くなります。例えば、特約の定期保険の保険金額を減らしたり、必要性の低い特約を解約したりする方法です。ただし、ひとつ特約を解約すると、他の特約もなくなってしまうこともあります。また、死亡保障を減額する場合には、保障額を減らしても、万一のときの家族への保障額は確保できるのかどうかを考えた上で利用しましょう。

●払済保険・延長（定期）保険への変更

保険料を支払わずに契約を続ける方法もあります。

ひとつは、払済保険への変更です。これは、保険料の払い込みを中止し、解約返戻金を一時払保険料として、養老保険や保険期間が同じ生命保険に変更する方法です。ただし、保障額は少なくなりますので、保障が減っても大丈夫なときの方法です。

また、同様のやり方で延長（定期）保険に変更する方法もあります。これは保険料の払い込みを中止し、解約返戻金を一時払保険料として、保険金額が同じ定期保険に切り替える方法です。この場合は、保障額は減りませんが、保険期間が短くなるケースがあります。また、いずれの方法も、特約は原則としてなくなります。

なお、払済保険・延長（定期）保険に変更した後、一定期間内であれば、元の保障内容に戻せる場合があります。これを「復旧」といいます。

ちなみに、解約返戻金のある生命保険の場合、その解約返戻金の7～9割の範囲内でお金を借りることができます。これを「契約者貸付」といいます。保険会社が定める利息がかかりますが、返済の期限はとくに定められていません。満期、死亡、解約までに返済されていない場合は、保険金から貸付金の元利合計額が差し引かれます。

監修者から⑤

根本を見失わないよう保障内容と契約形態に注目する
～生命保険で税金を軽くする方法とは？～

２０１２年から生命保険料控除の制度が変わり、控除額も増えました。今、保険各社はしのぎを削り価格競争していますから、同じ内容でもずいぶんと保険料が安くなっています。２０１２年以前に入った保険は、どんどん見直して新制度の適用を受けたほうがいい。とくに医療保険とがん保険は安くなっていますよ。一方、一人の方が一生のうちに入院する回数は平均４回といわれています。入院日数も減っている。だとすると入院保険の必要性は低いのですが、やはり安心のために入りたい方もいらっしゃる。そういう方は、例え

大和田 順弘
Yoshihiro Owada

常務取締役
営業本部本部長

ば先進医療保障が2000万円ついている保険に替えたほうが賢いですよね。しかも安く。

また個人年金保険は余裕があれば入るくらいに考え、やはり目を向けるべきは死亡保障や終身保険です。控除額だけに気を取られると、根本を見失ってしまいます。

他に税金を軽くする方法といえば相続関係です。相続というのは考え方によってものすごく得したり損したりしますから大きな問題。弊社は全員にFP（ファイナンシャル・プランナー）の資格取得を義務づけていますが、同時に相続診断士の資格も取得してもらうようにしています。

例えば先日お伺いした高齢のご夫婦は、二人で1億円ほどの貯金をお持ちでした。それを普通に相続したら3000万円を税金で取られてしまいますが、節税するのに有効な保険商品もあります。

よく皆さん「配偶者特別控除があるじゃないか」とおっしゃいますが、相続というのは必ず縦、つまり二次相続を考えるべきです。ご主人が先に亡くなり奥様が相続するなら、確かに1億6000万円までは無税です。でも例えば大地震が起きて夫婦同時に亡くなったらどうしますか？　1月にご主人が亡くなり、同年に奥様が亡くなることもあり得ます。その場合、配偶者特別控除は受けられなくなります。

保険の契約形態によっては相続税の対象になりませんから、そういうことをぜひ私ども保険のプロにご相談ください。

家族の記念日は強制的に休まされる会社。それがＲＫ

ＲＫコンサルティングは他の会社とまったく違います。まず「成績優秀者」は採用面接でお断りすることもある。なぜなら、彼らは家族より仕事を優先する傾向が強いからです。うちは「まず家族を大事にしてくれ」という会社。それは自分たちの家族だけじゃなく、例えば保険会社の担当者の家族も含みます。ですから午後7時以降の担当への電話はＮＧ。当たり前のことです。彼らにも家庭がありますから。そして社員は結婚記念日、子どもの入学式・卒業式、学芸会、運動会、すべて強制的に休みということが明文化され就業規則に書かれています。

もうひとつの大きな特徴は、社員の継続手当を「相続」できること。自分が引退しても、子どもや孫（原則二親等）が入社すれば手当や契約を引き継ぐことが可能で、それはお客様にとっても大きなメリットです。この制度は保険業界内でも画期的ではないでしょうか。

第3章

保険の使い方

保険証券をチェックするときのポイントは?

保険金の請求手続きはどうする?

保険金が支払われないのはどんなときか

保障の始まるときと保障の変更

生命保険にはいろいろな割引制度が!

もし保険会社が破綻したら、保険金は?

相続のために使う生命保険

法人契約の生命保険の選び方と種類は?

目的別に法人で契約する生命保険

保険証券をチェックするときのポイントは？

――ココを見れば保障の基本内容がわかる！

生命保険契約を申し込み、契約が成立すると、通常は1ヵ月程度で保険会社から保険証券が送られてきます。契約内容に間違いがないか、しっかりと確認しましょう。

保険証券は、契約の成立とその内容を証明するもので、保険会社から契約者に交付される書面です。契約の変更や保険金の請求時に必要となりますので、決まった場所に保管し、その場所を家族にも知らせておくようにしましょう。

ただし、手形や小切手などの「有価証券」とは異なるので、仮に紛失したとしても、再発行が可能ですし、保険契約の効力も失われません。

1．保険証券でわかること

保険証券の書式は保険会社によってさまざまですが、記載内容は、いずれも契約内容の柱となる重要な情報ばかり。したがって、保険証券をひと目見るだけで、保険の種類、保険金額、保障期間、保険料や解約返戻金の額など、保険内容のポイントがわかります。

自分がどんな内容の保険に加入しているのかを知っておくことは、保険金の請求時や保険の見直しの際にも必要となる、大事な確認作業といえます。

では、保険証券のどこを見れば何がわかるのか、別掲の保険証券イメージ図を見ながらチェックしていきましょう。

●誰が保険料を払い、誰が保険金を受け取るのか……（B）

まずは、契約者名などが記載された（B）欄を確認しましょう。

ここでわかるのは、誰が保険料を払い（保険契約者）、誰が保険の対象者（被保険者）で、誰が保険金を受け取る（受取人）のかという、基本となる契約関係です。

記載の例だと、男性（例えば夫）が自分を被保険者にして、女性（例えば妻）を死亡保険金の受取人にした契約であることがわかります。

●どんなときに保障される保険か……（A）（E）

次に、保険の商品名（A）と主契約・特約名の記載欄（E）を見てみましょう。

ここで、どんなときに保障を受けられる保険なのかがわかります。商品名（A）にある「終身保険」が主契約で、さらに（E）欄では、定期保険特約、災害・疾病・がんの入院特約が記載されています。つまり、死亡したときには死亡保険金が支払われ、災害・疾病・がんで入院したときには入院給付金が支給される保険であることがわかります。

ちなみに、商品名（A）にある「5年ごと利差配当付」は、配当金を5年ごとに受け取るタイプであることを示すもので、後述する（D）欄と関連します。

●保障額はいくらか……（F）

次にチェックしたいのは（F）の保険金額・給付金額です。

ここを見れば、万一のときにどの程度保障されるのかを表す、保険金額や給付額がわかります。

記載の例だと、死亡時に主契約の終身保険から300万円、定期保険特約から3000万円の合計3300万円を受け取ることができ、災害・疾病・がんで入院したときには、

生命保険証券イメージ

証券番号
第 XXXXXXXXXX 号

A
5年ごと利差配当付終身保険

B

保険契約者	幻冬 太郎 様
被保険者	幻冬 太郎 様 昭和59年1月1日生　男性　契約年齢30歳
受取人等	死亡保険金受取人 幻冬 花子 様
保険契約者印	幻冬

C

保険料内訳	
毎回払込保険料合計額	13,379円
うち主契約保険料	5,227円
うち特約保険料	8,152円

◎毎回払込保険料の変動について
2024年4月1日から10年間　12,941円
※上記保険料は、保険料率の変動があれば変わります。

D

契約日(始期)	主契約保険料払込期間	保険料払込方法	配当金支払方法
2014年4月1日（平成26年）	30年	口座月払	積立

契約内容欄

E　F　G

主契約・特約名	保険金額・給付金額		保険期間
主契約	死亡保険金額	3,000,000円	終身
定期保険特約	死亡保険金額	30,000,000円	10年間　40歳まで 60歳まで自動更新
災害入院特約	災害入院給付日額	5,000円	30年間　60歳まで
疾病入院特約	疾病入院給付日額	5,000円	30年間　60歳まで
がん入院特約	がん入院給付日額	5,000円	30年間　60歳まで

その他内容欄

解約返戻金額について　H

経過年数	解約返戻金額	経過年数	解約返戻金額
1年	3,650円	15年	875,100円
2年	59,820円	…	…
3年	116,010円	…	…
4年	169,950円	…	…
…	…	40年	2,429,400円
…	…	…	…
10年	572,630円	50年	2,602,700円

入院一日当たり５０００円を受け取れることがわかります。

●いつまで保障されるか……（G）

続いて（G）を見ると、保障ごとの保険期間が記載されています。この欄で、それぞれの保障がいつまで続くのかがわかります。このケースでは、主契約の終身保険は一生涯（終身）。定期保険特約は40歳までの10年間の保障で、さらに60歳まで自動更新され、災害・疾病・がん入院特約は60歳まで保障される契約となっています。

●保険料はいくらか……（C）

保険料をどのような方法で、いくら払えばいいのかは、（C）保険料内訳欄でわかります。

図表の例だと、保険料は口座振替の月払いで月額1万３３７９円。主契約と特約の内訳も記載されています。また、定期保険特約（10年）が更新の時期を迎える２０２４年４月1日から10年間は、契約内容が同じで保険料率に変動がなければ、毎月の保険料が1万２９４1円となることがわかります。

また、主契約の終身保険の保険料の払い込みは、60歳まで30年間、特約は保険期間と合わせて払い込みます。

●配当金の受け取り方法……（D）

保険商品名（A）にある通り、この保険は配当金のついた商品で、それを利差配当で5年ごとに受け取れます。配当金をどのように受け取るかは保険加入時に決めますが、その受取方法を記したのが（D）欄です。

図表の例は「積立」タイプ。つまり、配当金をすぐに受け取らず、保険会社が定める利率で積み立てておくタイプであることがわかります。

●解約返戻金はいくらか……（H）

最後のチェックポイントは（H）欄です。この欄で、解約したときに払い戻される解約返戻金の額がわかります。通常は記載例のように、経過年数ごとの金額を表示してあります。このケースは主契約が終身保険なので、保険料の払い込み終了後、契約者が80歳になる時点までの解約返戻金額がわかるようになっています。

2．もっと詳しく確認したいとき

自分が加入している保険商品の基本となるポイントは、保険証券を見ればわかるようになっています。しかし、例えば万一のことが起きても保険金が支払われないケースなど、さらに詳細な契約条件を知るためには、「ご契約のしおり・約款《やっかん》」「契約概要（設計書・提案書）」などに目を通すようにしましょう。

また、保険会社のコールセンターや担当の営業職員、保険代理店など契約先に確認・照会し、説明を受けるのもよいでしょう。

3．保険証券を紛失してしまったら？

前述したように保険証券は、契約者にとっては契約内容の証拠となる大切な書面です。保険証券がないと、保険事故が発生した際に、保険会社のほうで保険契約の存在を確認する作業が必要となり、保険金の請求手続きに時間がかかってしまう場合があります。

保険証券の紛失に気づいたら、直ちに再発行の手続きをとりましょう。保険会社に備えつけの再発行手続書があるので、取り寄せて必要事項を記入し、再発行を申請します。

また、契約者・被保険者の死亡後に保険証券の紛失に気づいた場合は、まず保険会社に連絡を取り、保険金請求の意思と共に契約者・被保険者の名前、生年月日などを伝え、保険契約の存在を確認してもらうことになります。

保険会社で保険契約の存在が確認でき次第、保険金の請求書類、用紙が送付され、請求手続きが開始されます。

ただし、保険金の請求は3年で時効となるので、注意してください。

4．引っ越し・結婚・受取人の変更はすぐに連絡を！

保険会社からは、更新の連絡や満期のお知らせなど、さまざまな重要書類や通知が契約者に送付されます。引っ越しなどで住所が変わってしまうと、こうした通知が届かなくなってしまうので、住所変更の際は、必ず新住所を伝えるようにしましょう。インターネットで簡単にできる場合もあります。結婚や離婚で姓が変わったときも同様に申告が必要です。

また、保険料を給料天引きで支払っている人の場合、勤務先が変わったときは、忘れずに支払い方法を変更しましょう。

受取人・契約者を変更したい場合や、離婚に伴って保険契約を解除したい場合なども、保険会社に申し出ることが必要です。ただし、契約関係の変更や解約にはいくつかの条件があり、すべてが認められるとは限りません。

保険金の請求手続きはどうする？

――保険金は自分で請求しないと受け取れない

保険金や給付金は、保険の対象者が、死亡や入院・手術などで保障が受けられる状態になったとしても、保険会社から自動的に支払われるわけではありません。保険金の受取人や被保険者が保険会社に請求をしなければ、受け取ることができません。

そのため、どのような場合に保険金や給付金が受け取れるのか、保障内容を事前に知っておくことが大切です。ちょっと細かい内容で読むのは大変ですが、契約時に配布される「約款」などに目を通しておきましょう。場合によっては、複数の保険金や給付金が受け取れることもあるので、疑問な点があれば、保険代理店や保険会社への問い合わせも含めて確認してください。

保険金や給付金を受け取るための手続き

1. まずは保険会社に連絡する

死亡や入院など、保険金支払い契約の対象となりそうな事態が発生したら、まずは保険会社に連絡を入れましょう。保険契約の対象となるかどうか不明な場合でも、保険会社のほうで判断してくれるので、まずは連絡することが先決です。

連絡の際、保険証券や約款を手元に準備しておくと、保険会社での確認などもスムーズに進みます。保険証券を紛失した場合は、被保険者の氏名、生年月日などを申し出れば、保険会社のほうで確認してくれます。

死亡保険金の場合、葬儀などで請求に手が回らないこともありますが、その場合でも落ち着いた段階でなるべく早く保険会

保険金請求手続きの流れ

被保険者の死亡・病気・けが
▼
受取人や被保険者が保険会社に連絡
▼
保険会社から請求書類が届く
▼
記入した請求書類と必要書類を保険会社に提出
▼
保険会社が請求書類を受け付け、支払いを判断
▼
受取人の指定口座に保険金が支払われる

社に連絡を入れるようにしましょう。ちなみに請求権の時効は3年なので、3年以内なら請求はできます。

2. 保険会社から請求書類が届く

保険会社に請求の連絡を入れると、請求に必要な書類と案内が送付されてきます。

一般的には図表のような書類が必要とされます。

このうち、保険金支払請求書は、保険会社から送付される専用の用紙に必要事項を記入します。保険会社からの指示があるので、それに従って書き込めば大丈夫です。

戸籍謄本や印鑑証明（いずれも市区町村から交付）、医師の（死亡）診断書（病院に請求）など、自分で用意しなければならない書類もありますが、保険会社の案内に詳しく記載されているので、それに従って準備します。

保険金の請求に必要な書類（例）

- 保険金支払請求書
- 保険証券
- 最終の保険料払い込みを証明する書類
- 受取人の戸籍謄本（抄本）
- 受取人の印鑑証明
- 被保険者の住民票
- 医師の（死亡）診断書・死体検案書　など

なお、医療保険や医療特約の給付金請求に必要な医師の診断書は、保険会社が決めた所定の書式で提出しなければならない場合があるので、診断書を請求する前に保険会社に確認し、取り寄せておくようにしましょう。

3．請求後、1週間くらいで保険金が支払われる

必要な書類が揃ったら、保険金支払請求書と一緒に保険会社に提出します。

保険会社は、提出された請求書類を受け付け、保険金支払いのケースに該当するかどうかなど、支払いの可否を判断します。支払いが認められた場合は、とくに調査を要するケースを除き、請求書到着から1週間くらいで受取人の指定する口座に保険金・給付金が払い込まれ、受け取り内容・金額の明細書が送付されます。また、支払いが認められない場合も、その理由が書面などで通知・説明されます。

――本人に代わって保険金を請求する「指定代理請求制度」

保険金の中で、「入院・手術給付金」「高度障害保険金」「特定疾病保険金」「リビング・ニーズ特約保険金」などは、被保険者本人が請求するのが原則ですが、被保険者本人が請求できない特別な事情があるときには「指定代理請求特約」があります。

特別な事情とは、事故や病気で寝たきりの状態になり、保険金や給付金請求の意思表示ができない場合や、がんなどで余命6ヵ月以内であることが本人には告知されず、家族のみが知っている場合などです。

指定代理請求特約は無料でつけることができ、契約者が指定した代理人が、被保険者の代理人として保険金や給付金を請求することができます。ただし、契約者が被保険者の同意を得て、あらかじめ指定代理請求人を指定する必要があります。例えば夫が契約者・被保険者の場合は、妻が指定代理請求人になるのが一般的です。

――生前に死亡保険金を受け取れるリビング・ニーズ特約

死亡保険金は本来、被保険者本人が死亡後に、家族などが保険金を受け取るのが原則です。しかし、リビング・ニーズ特約をつけておくと、死亡保険金の全部または一部を、被保険者自身が生きているうちに受け取ることができます。

この特約が使えるのは、医師から「余命6ヵ月以内」と診断された場合で、病気やけがの種類は問われません。

特約料は無料で、定期保険や終身保険など、死亡保険金のある保険につけられます。請求額は、3000万円が限度で、請求した保険金額から6ヵ月相当の利息と保険料が差し引かれて支払われます。保険金を全額受け取ると保険契約は終了しますが、残額があれば継続し、死亡後に、受け取った保険金を差し引いて受取人に支払われます。

リビング・ニーズ特約は、本人が生前に受け取ることで、納得のいくまで治療を受けたいときや、残された人生を充実させる資金として活用できます。

保険金が支払われないのはどんなときか

――約款にある支払い事由や免責事由に注意

保険金や給付金がどんなときに受け取ることができ、どんな場合に受け取れないかは、契約時の「注意喚起情報」「ご契約のしおり・約款」、ホームページ、請求手続き等に関するガイドブックなどに記載されています。

まずはこうした資料に十分目を通し、支払い条件をしっかりと確認しておくことが大切です。

保険金が支払われない理由は、大別すると、1．支払い事由に該当しない場合、2．免責事由に該当する場合、3．告知義務違反の場合、の3つです。順に見ていきましょう。

1．支払い事由に該当しない場合

保険は、保険の種類ごとに保険金が支払われる場合（支払い事由）が約款に記載されています。

保険金・給付金は、この支払い事由に基づいて給付されます。つまり、支払い事由に該当しなければ、保険金・給付金は支払われません。

例えば、入院給付金で、入院日数が約款で決められた日数に満たないときや、手術給付金で、実際に受けた手術が、約款で決められた手術の種類ではなかった場合などです。

また、高度障害保険金や入院給付金で、障害や入院の原因となった事故・疾病が、保障の責任開始前に発生・発症したものだったときは、支払い事由に該当しないと判断されるのが一般的で、その場合、保険金や給付金は支払われません。

2．免責事由に該当する場合

契約約款には、免責事由が書かれています。免責とは、保険会社が契約に基づく保険金支払い義務を免除されることです。この免責事由に当てはまると、保険金・給付金は支払われません。

例えば、死亡保険金では、責任開始日から一定期間（1～3年）を自殺免責期間と定めていて、その期間内に被保険者が自殺したときは、保険金は支払われません。

ただし、契約後に発症した精神疾患などが原因で自殺した場合は、「病死」と判定され、免責期間内でも保険金が支払われることがあります。

また、災害保険金・入院給付金で、契約者・被保険者・受取人の重大な不注意、過失で被保険者が死亡・入院したときや、泥酔で事故を起こしたときも免責事由に該当し、保険金・給付金は支払われません。

3. 告知義務違反の場合

保険契約の際には、被保険者は保険会社に、現在の健康状態、過去の病歴、職業などの事実をありのままに告げなければなりません。

もし、事実を隠していたり、嘘の申告をしていたりしたときは「告知義務違反」となり、契約・特約は解除されてしまいます。当然、保険金や給付金は支払われません。

保険金や給付金が支給されないケースで、被保険者側に問題があるものの多くが、この告知義務違反です。

例えば、胃潰瘍で通院歴があるのに、これを告知せずに医療保険を契約。契約後1年目に胃潰瘍が原因で入院し、入院給付金を請求した場合。

あるいは、慢性C型肝炎の病歴があるのに、事実を告げずに死亡保険に加入し、契約1年後に慢性C型肝炎を原因とする肝がんで死亡した場合などです。

いずれの場合も、告知義務違反で入院給付金や死亡保険金は支払われません。

保険会社が告知義務違反があったことを知った場合、保障の責任開始日から2年以内であれば、契約を解除することができます。また2年以上経過していても、支払い事由が2年以内に発生していたときや、保険約款に基づいて詐欺とみなされれば、契約は無効となり、保険金は支払われません。

この他、請求権の消滅や契約の失効で受け取れないケースがあります。

保険金の請求権の時効は、保険法で3年と定められていて、それを過ぎた場合は請求権が消滅してしまいます。また、払込猶予期間内に保険料が払えず、自動振替貸付制度も利用できなかった場合は、契約・特約が失効し、保険金・給付金は支払われません。失効後、一定期間内なら契約を復活できますが、失効していた期間の保険事故は、保障の対象とはなりません。

CONSUL

監修者から⑥

保険会社のパンフレットを保険選びの材料にしてはいけない

まず保険会社を選ぶ段階で一番してはいけないのが、噂で選ぶこと。二番目がパンフレットを見て選ぶことです。パンフレットはあくまで広告。保険会社が入ってほしいから作るものであって、お客様の役に立つことが書いてあるわけではありません。まずはちゃんと相談できる人（プランナー）を選んでいただき、一緒に考えた上で決める保険が一番いいと思います。

次に保険証券の見方についてですが、大きくいうと保険は主契約と特約に分かれています。私はまず、特約に何が入っているかを見

稲田 寛
Hiroshi Inada

営業教育部部長

2級ファイナンシャル・プランニング技能士
（社）相続診断協会認定 相続診断士
宅地建物取引主任者

ていただきます。また「終身保険」と書いてあるのに終身保険ではないこともありますから、そこも大事なチェックポイントですね。「終身保険」とあれば、「これ全部終身保険なんでしょ」と勘違いする方が多くて当然。ですから、払込期間が何年と書いてあるのか、履行されたときに何が出るのか、「がん」と書いてあっても、どのがんなら給付されるのか、などを一緒に見ていきます。すると9割ほどのお客様が見直すことになります。お客様の保険を見直すときには、図を描いてわかりやすくご説明します。

事務的なことでは、住所変更や証券を紛失された場合などはカスタマーセンターに連絡すれば大丈夫です。複数の保険会社をまたいで登録していても、全部私ども代理店が手続きしますので面倒はおかけしません。証券の再発行もできますし、年に一度届く契約条件のお知らせがあれば保険内容は全部わかるようになっています。最近はサインレスで、契約時に印鑑がいらない場合もあるくらいですから、証券をなくした際も心配する必要はありません。

最後に保険金を請求するときのお話です。実際、そのようなときは皆さん気持ちに余裕がなく、ご本人またはご遺族は連絡できないと思います。ですから契約時に何枚かの名刺をお渡しし、それを親兄弟、友人、ご近所の方などに渡しておいていただきます。そうすればイザというとき、どなたかが気づいて連絡をくださるでしょう。それがまず何よりも重要で、その後は届いた書類に記入して提出するだけですから。

親戚と接するように長くフォローし続けるのが私たちの使命

お客様とは、ほどよい距離感の「遠い親戚」のような気持ちで接しています。

不動産売買の仲介をしていたときに保険業界にスカウトされましたが、なぜ転職を決意したかといいますと、基本的に売ったらおしまいの不動産と違い、お客様と長くつき合える仕事に惹かれたからです。その後、外資系保険会社からRKに移り、さらにこの仕事が好きになりました。保険会社では会社が売りたいものを教育するので、どうしてもその考えになってしまうんですよね。代理店ですと複数の会社の考えを聞いた上で、咀嚼《そしやく》して「自分たちの考え」にできます。そういう意味では保険会社の営業としてよりも、お客様の立場に近い気持ちで訪問できますから、納得していただけるスピードが早いんです。

保障の始まるときと保障の変更

——保障が始まる日と契約日は違う？

1．責任開始日と契約日

生命保険の保障が始まる日は、いつの日かご存じですか。申し込んだ日？　保険証券に書いてある契約日？　正確にいうと、どちらも間違いです。

答えは、「責任開始日」（責任開始期、責任開始時ともいいます）です。

責任開始日とは、保険会社が保険金・給付金の支払いなどの、契約上の責任を開始する時期のことです。

具体的には、①申し込み、②告知（診査）、③第1回保険料払い込み、の3つのすべてが完了した時点になります（図表参照）。図表で示した例2のように、②告知（診査）が③第1回保険料の払い込みの後になってしまった場合は、②告知（診査）の時点が責任開始日になります。

保険会社による契約の承認がその後になっても、保障はこの責任開始日にさかのぼって始まります。

例えば、医療保険の契約申し込みをして、告知（診査）と第1回保険料払い込みは終わったけど、まだ保険会社から保険証券が届いていない、というときにけがで入院してしまった場合には、保険会社が保険契約を承諾して契約が成立すれば、さかのぼって保障され、入院給付金が支給されます（後述するがん

保障が始まる責任開始日の始期

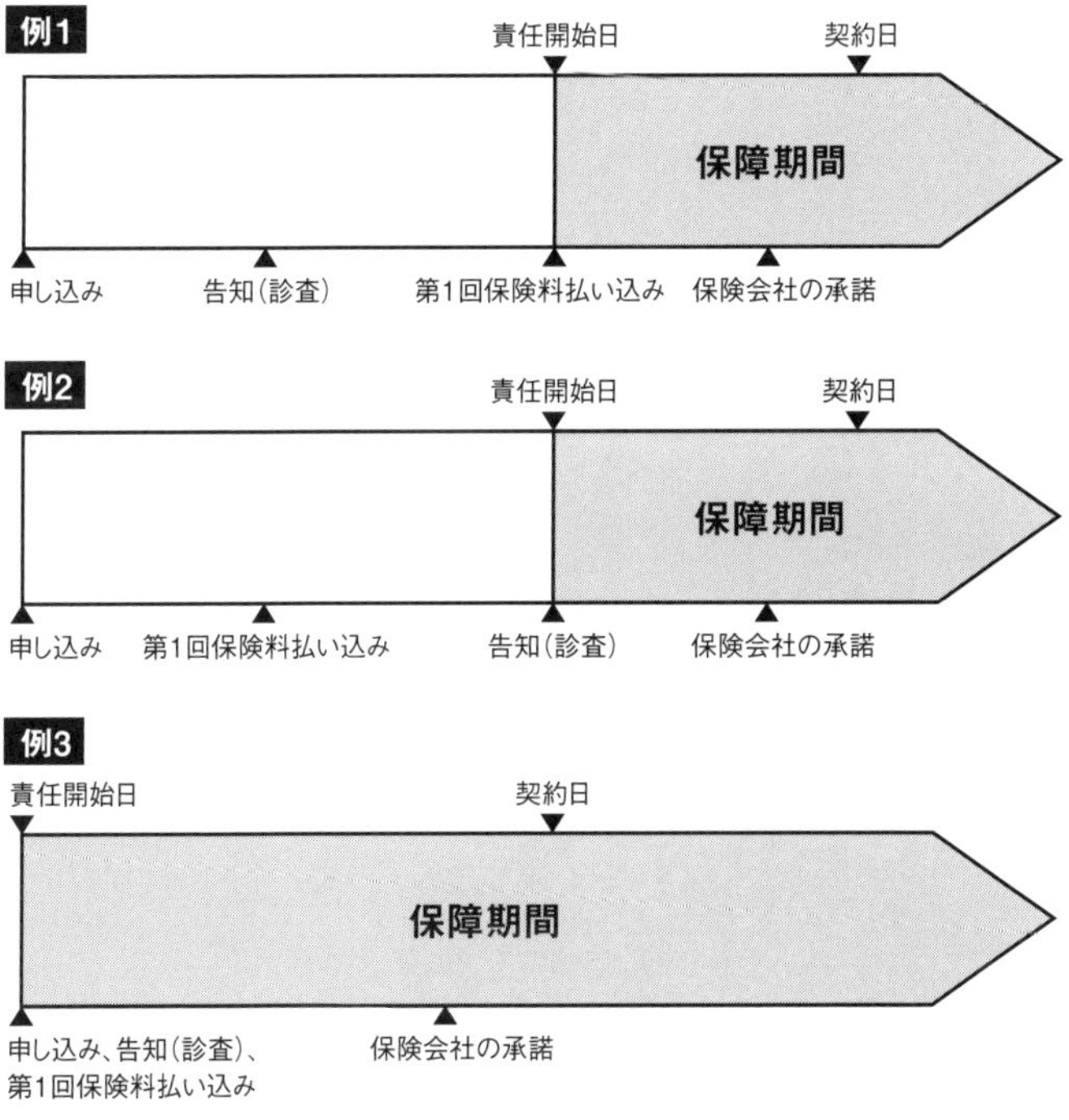

保険などは除く）。

ちなみに、契約日というのは、申し込んだ契約の起算日になるものです。契約年齢や保険期間などは、この起算日を基準に計算されます。責任開始日がそのまま契約日になる場合もありますが、多くは責任開始日の翌月1日が契約日に設定されているので、注意してください。

2．8日以内ならクーリング・オフで取り消せる

保険の申し込み後、申し込みを取り消したいときは、クーリング・オフ制度を利用します。

通常は、「クーリング・オフに関する書面を受け取った日」「申込日」のどちらか遅いほうの日から、その日を含めて8日以内に申し込み撤回の書面を発信すれば、申し込みを取り消すことができます。保険会社によっては、クーリング・オフができる期間を8日より長く設定している場合もあります。すでに保険料を払っていれば、返金されます。

この「クーリング・オフに関する書面」は、「ご契約のしおり」に記載されていたり、

第1回保険料充当金領収証の裏面に載っていたり、保険会社や商品によって異なります。

　クーリング・オフ制度を利用して申し込みを取り消す場合は、その旨を記した書面（記入例参照）に、申込書と同じ印で捺印し、保険会社の本社か支社あてに郵送します。記載事項は「ご契約のしおり」で確認し、念のため書面のコピーもとっておきましょう。

　発信がクーリング・オフ期間内であれば、到着がその期間後になっても問題ありません。発信日は郵便局の消印で判断されます。少しでもトラブルを避けたい場合は、内容

クーリング・オフの書面の記入例

○○生命保険　御中

私は契約の申し込みを撤回します。

申込者（契約者）　保険 太郎

被保険者　保険 太郎

申込日　平成○年○月○日

領収証番号　○○○○○○○○

住所　○○○○○○○○○○

氏名　保険 太郎　印

8日以内に!

書面で!

申込書と同じ印で!

証明郵便で送るようにしましょう。

ただし、保険会社が指定する医師の診査を受けた後や、保険期間が1年以内の保険契約の場合などは、申し込みの取り消しはできません。

3. がん保険の90日免責

保険契約の保障は、前述のように責任開始日からスタートします。しかし、一部には例外もあります。それが「がん保険」です。

ほとんどのがん保険では、契約が成立してもすぐに保障が始まりません。通常の責任開始日から3ヵ月または90日の待ち期間があるためです。責任開始日は、その待ち期間を過ぎた翌日となり、保障が始まるのはその日以降になります（図表参照）。

がん保険の保障期間の始期

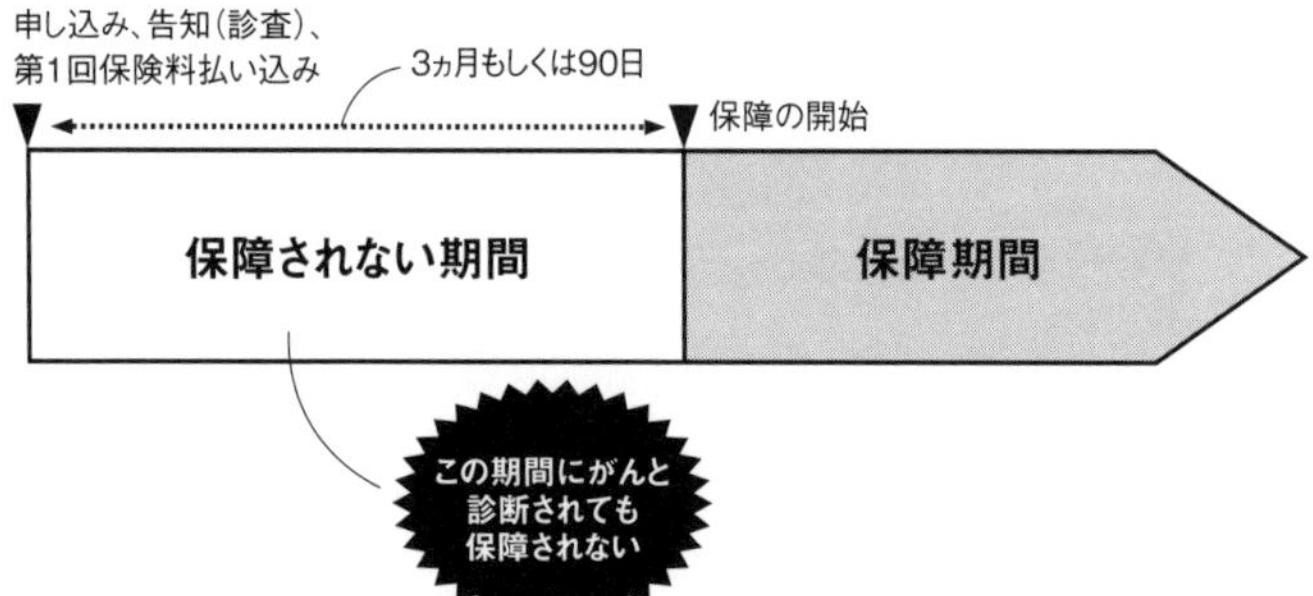

このため、もし待ち期間中にがんと診断されても、保障の対象にはなりません。支払った保険料は戻ってきますが、契約はなくなります。

また、特定疾病保障保険（がん・脳卒中・急性心筋梗塞の保障に死亡保障のついた保険）の場合も、がんの保障については90日間の待ち期間を設けている場合があります。ただし、医療保険は、がんの場合でも、その他の病気やけがの場合でも、保障の待機期間はなく、加入直後の責任開始日から保障が受けられます。この点は、がん保険と医療保険の大きな違いのひとつなので、選ぶ際のポイントになるでしょう。

4. 保障内容を変えたいとき

「保障額を増やしたい」「保障の範囲を変えたい」「保険の種類を変えたい」など、保険の保障内容を、途中で変更したいときは、どんな方法があるのか見てみましょう。

●追加契約

現在の契約に加え、別の新しい保険を追加で契約する方法です。保障額を増やしたり、保障の範囲を広げたりすることができます。

追加契約すると、現在の保険料に追加契約の保険料が加わりますから、トータルで払い込む保険料は高くなります。

●特約の中途付加

現在の契約に特約をつけて、不足している保障を補う方法です。

例えば、終身保険に定期保険特約を付加して保障額を増やす、医療特約をつけて病気やけがへの備えを加える、配偶者や子どもも保障される家族型の医療特約に変えて、保障される人の範囲を広げる、などがあります。

特約を途中から追加するには、あらためて告知（診査）が必要となります。また、中途付加する特約の保険料は、そのときの年齢や保険料率で計算されます。

なお、特約の中途付加を取り扱わない保険会社もあります。

●転換

転換とは、現在加入している保険を活用して、新たな保険を契約する方法です。いわば、現在の保険を下取りして、同じ保険会社の新しい保険に入るやり方です。

下取りした保険は消滅しますが、積立部分や積立配当金を新しい保険の一部に充てるので、新規に契約するより保険料負担が少なくて済みます。ただし、同じ保険会社でないと利用できません。

転換を行う場合は、転換前と転換後で保障内容がどのように変わるのか、十分説明を受け、確認し、納得の上で契約するようにしましょう。

生命保険にはいろいろな割引制度が！

――知って得するいろいろな割引制度

保険会社は、保険料が安くなるいろいろな割引制度を設けています。

例えば、「リスク」を保険料算出のバロメータとして、被保険者のリスク（＝保険金などを支払う可能性）が高いか低いかなど、いくつかのタイプに分け、それぞれで保険料を計算する方法です。

このタイプ分けに多く使われているのが、健康体かどうか、喫煙の有無、優良ドライバーかどうか、などの基準です。こうした基準を満たせば、他の人に比べて保障のリスクが低いと認められ、その分保険料が割り引かれます。

割引制度のある保険を上手に活用すれば、同じ種類の保険に加入していても、保険料が安く済み、家計への負担を減らすことができます。

●健康体割引

健康体割引とは、保険料に「健康体（優良体）料率」を適用する制度です。主に定期保険や収入保障保険を中心に取り扱われています。

健康体（優良体）に該当するかどうかは、身長・体重のバランス（BMI指数＝体重［kg］÷｛身長［m］×身長［m］｝）、血圧の数値、尿検査など一定の基準を満たしている場合です。

健康体（優良体）基準を満たしている場合は、非喫煙者割引などとも組み合わせて、通常より安い保険料率が適用されます。

●非喫煙者割引

非喫煙者割引は、タバコを吸わない被保険者に「非喫煙者料率」を適用し、保険料を割り引く制度です。健康体割引と同様、主に定期保険や収入保障保険などで取り扱われています。

保険会社によって条件は異なりますが、一般的には、過去1年間タバコを吸っていない、唾液検査（コチニン検査）が陰性である、などの条件を満たせば、「非喫煙者」と認められ、「非喫煙者料率」が適用され、保険料が通常より安くなります。

健康体（優良体）割引と非喫煙者割引を組み合わせた料率区分を設け、より安い保険料率が適用される商品も多くあります。

例えば、通常の保険料に加え、「非喫煙者・優良体保険料率」「非喫煙者・標準体保険料率」「喫煙者・優良体保険料率」の3区分の割引料率が設定されるケースなどです。

割引率は保険会社・商品によってさまざまですが、通常の保険料よりも安くなります。現在加入している保険に「健康体割引」「非喫煙者割引」がついていない場合、割引のついた保険に切り替えることで、トータルの保険料を安くできることもあります。

●セーフティドライバー割引

自動車の運転免許証を持っている人は、5年間無事故無違反だと、免許証の色が更新時にゴールドになります。このゴールド免許を持っていると、保険会社によっては保険料が安くなる場合があります。

本来は自動車保険が中心ですが、中には生命保険で優良ドライバー割引を設けている保険会社もあります。

優良ドライバー割引は、ゴールド免許の有無、自動車保険の等級などで判定されます。免許を持っていないだけで割引対象になる場合もあります。

優良ドライバーに認められると、割引率は保険会社ごとに異なりますが、保険料が安くなり、保険料負担が軽減できます。

保険料の各種割引制度

割引の種類	割引の基準
健康体割引	・身長・体重のバランス（ＢＭＩ指数） ・問診、身体測定、血圧、尿検査など基準を満たした場合
非喫煙者割引	・過去１年間喫煙していない ・唾液検査（コチニン検査）が陰性
セーフティドライバー割引	・ゴールド免許 ・自動車保険12等級以上

もし保険会社が破綻したら、保険金は？

――契約者保護制度と保険会社の健全性

1. 保険金はどこまで補償されるか

もし、保険契約をしている生命保険会社が経営破綻してしまったら、契約している保険はどう扱われるのでしょう。また、保険金や支払った保険料はどうなるのでしょうか。

生命保険会社が経営破綻してしまった場合、保険金・年金・給付金の支払いが一定期間凍結されてしまうことがあります。しかし、契約していた保険が消えてしまうわけではありません。「生命保険契約者保護機構」が契約を継続するための資金援助を行い、契約者を保護してくれるからです。この生命保険契約者保護機構は、すべての生命保険会社が加盟を義務づけられた、契約者を守るためのセーフティネットです。

破綻した生命保険会社は、保有する保険契約を他に引き受けてもらい、契約を継続させますが、その仕組みには、２つのケースがあります。

ひとつめは、破綻した保険会社を救済する別の保険会社が現れた場合です。このケースでは、破綻した保険会社の保険契約は救済保険会社に「移転」され、合併・株式取得などによって破綻後も継続することができます。

２つめは、救済保険会社が現れなかった場合です。このケースでは、生命保険契約者保護機構が設立する承継保険会社、もしくは保護機構みずからが保険契約を引き受け、破綻後も継続します。

●補償されるのは責任準備金の90％

では、保険金や支払った保険料はどうなるのでしょうか。

生命保険会社は、将来の保険金の支払いに備え、保険料の一部を積み立てています。この積立金を「責任準備金」といいます。保険会社が破綻した場合、契約自体は継続できますが、この責任準備金が削減されてしまうことがあります。

生命保険契約者保護機構の資金援助で補償されるのは、原則として破綻時点の責任準備金の90％（高予定利率契約の補償率はさらに低い）までです。残りの10％は、更生計画などの状況を見て決定され、場合によっては保険契約者の負担になることもあります。補償されるのはあくまで責任準備金の90％です。保険金の90％ではないので、誤解しないようにしましょう。

●予定利率の変更

責任準備金の削減の他、「予定利率」の引き下げなど、契約条件が変更される場合もあります。予定利率とは、生命保険会社が資産運用による一定の収益を見込んで、その分だけ保険料を割り引いた割引率のことです。

この予定利率が引き下げられると、その分、保険金額が減少してしまいます。一般的には、保障性の高い定期保険・医療保険などは、保険金額の減少幅が小さく、保険期間が長期で貯蓄性の高い終身保険・養老保険・個人年金保険などでは減少幅が大きくなります。また、予定利率が高い時期に契約した保険ほど、保険金の減少幅が大きくなります。

予定利率の変更は、破綻の危険性がある保険会社が、破綻前に金融庁に申請する場合もありますので、注意してください。

●**破綻時の注意点**

通常、保険会社が破綻してしまった場合、保険契約の移転が完了するまで解約はできません。また、破綻後も保険料は支払い続けなければなりません。

契約の移転後は解約ができますが、一定期間内の解約の場合は早期解約控除が設定され、契約条件が変更された後の解約返戻金から、さらに削減されてしまうこともあります。

2．健全性の指標

一定の救済措置があるとはいえ、いったん経営破綻してしまったら、契約者は相当な損害を覚悟しなければなりません。できればそうなる前にリスクを回避したいものです。

そのためにも、保険会社の財務健全性をチェックする習慣を身につけておきましょう。

保険会社の財務健全性を判断する主な指標としては、別掲のものがあります。ここでは、その中で必須ともいえるソルベンシー・マージン比率と保険財務力格付を紹介します。

●**ソルベンシー・マージン比率**

ソルベンシー・マージン（支払い余力）比率は、保険金の支払い能力を示す指標のひとつで、行政監督上の基準にも採用されている代表的な指標です。具体的には、大規模災害や株の大暴落など通常の予測を超えて発生するリスクの額を分母にし、そのリスクによる損失を補てんできる財源を分子にして算出します。通常は200％以上が健全性の目安（目標値）とされ、それを下回ると、金融庁による早期是正措置が実施されます。最近は各社のソルベンシー・マージン比率が改善し、1000％を超える保険会社も数多く出てきました。このため金融庁は、目標値の見直しを検討しています。

●保険財務力格付

格付は、専門的な知識を持った第三者機関が、その会社の支払い能力などを元に評価した財務力を、信用度の高い順にA、B、Cのアルファベットと＋、－の記号で表したものです。保険会社の格付は、「保険財務力格付」「保険金支払い能力格付」などと呼ばれ、保険契約に基づく債務を履行する能力について総合的に評価し、格付します。

実際に格付を行う第三者機関は民間の格付会社で、例えば日本では、ムーディーズ・インベスターズ・サービス、スタンダード＆プアーズ（S＆P）、フィッチ・レーティングス、格付投資情報センター（R＆I）、日本格付研究所（JCR）などがあり、それぞれ独自の基準で保険会社の財務力や支払い能力を精査し、格付情報を提供しています。

保険財務力格付のメリットは、月ごとに評価が発表され、短期間の推移が把握できる点、第三者機関が判断するという客観性、そして何より信用度をランキングの形で示す、そのわかりやすさにあります。

保険会社では、一般向けに毎年の決算後に、ディスクロージャー誌などで業務内容や財務状況の情報を開示していますので、掲載されるソルベンシー・マージン比率に、この格付を加え、両方をチェックするのがよいでしょう。

保険会社の健全性を見る主な指標

格付 第三者の格付会社が、保険会社の保険金支払い能力などについての確実性を評価したもの。保険会社に対する評価は保険財務力格付、保険金支払い能力格付などと呼ばれる。	**ソルベンシー・マージン比率** 大規模な自然災害や株価の大幅な下落など、通常予測できる範囲を超える諸リスクに対応できる支払い余力を有しているかどうかを判断するための行政監督上の指標のひとつ。
実質純資産額 時価ベースの資産の合計から、危険準備金など資本性の高い負債を除いた負債の合計額を差し引いたもの。保険会社の清算価値に近い。	**基礎利益** 保険料収入や保険金支払い・事業費などの保険関係の収支と、利息および配当金等収入を中心とした運用関係の収支からなる、保険会社の基礎的なフロー収益を表す指標。

監修者から⑦

目指すのは自己マネジメントのできるプロ集団

12年間、銀行員として充実した生活を送っていましたが、あることがきっかけで保険の仕事に興味を持ちました。働き方、お客様に対するマインド、報酬体系などが私の生き方や性格にマッチしていると感じ、大手エージェンシーへの転職を決めました。

その後弊社に移り、現在は支社長としてマネジメントを行っていますが、目指すのはプロ集団です。たとえるならプロ野球やメジャーリーグのように、オフシーズンでも個々がトレーニングを欠かさず自己マネジメントをキチンとできる集団。そんなイメージをもっています。とはいえ弊社は、「仕組みはあるから勝手にやって」

太田 有恒

Aritsune Ota

東京中央支社長

日本FP協会会員AFP
2級ファイナンシャル・プランニング技能士
トータル・ライフ・コンサルタント
（生命保険協会認定FP）

という多くの代理店と違い、チームとして価値観を共有し、共に頑張っていこうという社風。これだけ組織が大きくなりつつあるのに、そこは非常に大切にしています。

個人的には、保険を売る営業マンというよりは、お客様と保険会社との間に入るエージェント（代理人）という立ち位置でずっと仕事をしてきました。例えば弁護士さんのように、プロとしての専門知識を活かしながらクライアントの利益を最大限確保する。それに対して私たちは報酬をいただいているのだと思っています。

保険には知っているとトクなこと、安心なことがいろいろあります

多くの方が保険についての細かい決まりをご存じないかもしれません。とくに多いのが、がん保険の免責期間（待機期間）について。契約してから3ヵ月間（会社により異なる）はがんと診断されても保障は下りません。それどころか、その契約はなくなります。すでに入っているがん保険があるなら、可能であれば3ヵ月間はそのまま解約せずに持っていてください。ただし選択するのはお客様です。

また保障がいつから始まるかという質問もありますね。①申し込み②告知（診査）③第

1回保険料の払い込み、のすべてが揃って保障のスタートです。契約日は、月払いであれば翌月1日からになります。例えば①②③が揃った後に入院や手術をしたけど、契約日の前だった場合はどうなるか？　それは①②③が揃った時点にさかのぼって保障がスタートしますのでご安心ください。ただ、お客様にそんな不安な思いをさせないよう、なるべく手続きは早めに進めます。

保険の割引制度についてですが、私がご説明するのは主に保険料の支払い方法についてです。毎月同じ額を払う月払いか、1年分まとめて払う年払いか。月払いに比べて年払いのほうがトータルでは数%安くなります。ただ、ある月に10万円単位の請求がドンと来ます。数%とはいえ、トータルでは家族で旅行に行けるくらいの金額になる場合もあるので、一長一短です。

保険料控除の話も情報としてお伝えしますが、控除を得るために保険に入るのはやめたほうがいい。結果論として控除があればハッピーですが、税金を安くするために多額の保険料を払うことはありません。

相続のために使う生命保険

――相続税の増税で、相続は人ごとではなくなった?

人が死亡すると、その人の財産は相続人が引き継ぎますが、これを「相続」といいます。相続する財産は、現金、預貯金、株式はもちろん、建物や土地、車など、お金に見積ることのできるものはすべて対象になり、これらを「本来の相続財産」といいます。

また、生命保険金や死亡退職金なども相続財産になるのですが、こちらは本来の相続財産ではないにしろ、同様の効果があるということで「みなし相続財産」と呼ばれます。

これらの相続財産をすべてお金に換算して、その総額に対してかかってくるのが相続税です。２０１５年1月の増税により、これまで相続税を払う必要のなかった人も、払う可能性が高まりました。

これまで、相続が発生して相続税を払っていた人の割合は約４％ですが、相続税の増税後は、諸説ありますが６〜７％に上がるのではないかといわれています。つまり、相続税はお金持ちの人だけに関係する税金とはいえない状況になったのです。

――相続財産には基礎控除という非課税枠が

ただ、財産に相続税がかかるといっても、財産の総額すべてにかかってくるのではなく、相続人の数によって、一定額までは財産の金額を引き下げてくれる制度があります。これが相続税の基礎控除です。相続税の基礎控除の計算方法は図表の通りです。

例えば、法定相続人が妻と子ども二人の三人であれば、相続税の基礎控除は８０００万円までは非課税で、相続財産から控除できます。つまり、相続財産が８０００万円以内であれば、相続税はかからないということです。

そして、この相続税の基礎控除が、２０１５年１月の変更で前述と同様に法定相続人が三人の場合の基礎控除額は４８００万円に下がり、相続税の基礎控除は３割減ります。このように、基礎控除額が下がることで、これまでよりも、相続税を払う人の数は増えるのではないかといわれています。

そして、基礎控除を差し引いた後の財産を、相続人の相続割合で分割し、その分割した金額に対して相続税の税率を掛け、一定の控除を差し引いて相続税額が決まります。

相続税の基礎控除額の計算方法

2014年12月31日まで 5,000万円＋1,000万円×法定相続人の数

▼

2015年1月1日から 3,000万円＋600万円×法定相続人の数

◎2014年12月31日まで

5,000万円＋1,000万円×三人（妻＋子ども二人）＝8,000万円

▼

◎2015年1月1日からは

3,000万円＋600万円×三人（妻＋子ども二人）＝4,800万円

生命保険にも非課税枠がある

このように、相続財産の基礎控除があるので、財産の総額は一定額までは下げられるようになっています。また、基礎控除を差し引く前の財産には、財産の金額（評価額）を下げる仕組みがあります。

例えば、建物であれば、毎年送られてくる固定資産税評価の70％の金額で済みますし、土地であれば、その土地の利用状況（自宅の建っている土地か、賃貸アパートの建っている土地か）などによって、一定の割合で評価額を下げることができます。

また、生命保険金などのみなし相続財産についても、一定額まで評価額を下げられる方法があります。それが生命保険金の非課税枠です。

計算方法は図表の通りですが、例えば法定相続人が妻と子ども二人の三人であれば、1500万円までは非課税ということになります。

生命保険の中で、契約者・被保険者が夫、受取人が妻の場合、夫が死亡して妻が死亡保険金を受け取ると、受け取った死亡保険金は相続税の課税対象になります。しかし、前述の通り生命保険金の非課税枠があるので、受け取った死亡保険金のすべてが、みなし相続財産になるわけではありません。

仮に、夫が自分に3000万円の保険金をかけていたとして、夫が死亡して妻が3000万円を受け取った場合、法定相続人が妻と子ども二人の三人の場合は、1500万円までは非課税になるので、死亡保険金のうち1500万円が相続財産に含まれます。つまり、財産の評価額としては半分まで下がったことになります。

生命保険金の非課税金額計算方法

なぜ生命保険で相続対策？

このように、相続税の基礎控除が下がったことで、相続税のかかる相続財産の金額は増えることが予想されますが、前述の生命保険金の非課税については変更がありません。

生命保険は非課税枠があるというだけではなく、相続時のために利用すると、それ以外にもメリットがあります。それが「遺産分割対策」と「納税資金対策」です。

1．遺産分割対策

生命保険の大きな特徴として、保険金の受取人を指定できることが挙げられます。保険金の受取人を指定できるということは、お金を渡したい人に確実に渡せる仕組みであるともいえます。つまり、遺言と同じような効果があります。

もしも、遺言の中で現金の分け方を指定したとしても、相続には「遺留分」という最低限相続できる割合が決められていますから、必ずしも遺言の通りに現金を分けられるとは限らず、相続人同士の遺産争い（これを「争続」「争族」などと呼ぶこともあります）の原因になることも考えられます。

このように、現金で残すと、いざ相続が発生したときに家族同士のもめ事になってしまう可能性もありますが、生命保険であれば受取人を指定できます。

生命保険金は、受け取った人の固有の財産であるという考えになりますので、受取人を指定して保険金を渡すことができれば、遺産争いにならずに済みます。

また、相続のときに現金が少なく、家や土地などの不動産がほとんどというケースではどうでしょうか。不動産は、売却して現金で分けることや、共有名義で所有する選択肢もありますが、これらも現金を分割する割合や、共有の割合をどうするのかなどで、相続人同士のトラブルになりがちです。

このようなときには、不動産を相続する人をあらかじめ決めて、その人を生命保険の受取人に指定して生命保険を契約します。契約者・被保険者が死亡すると、死亡保険金は不動産を相続した人がいったん受け取り、受け取った保険金を残りの相続人に分けるという使い方もできます。

遺産分割対策で利用する保険の種類は、一般的には終身保険です。定期保険だと、保障期間が限られていますので、いつ相続が発生しても（いつ死亡しても）保険金が受け取れるように、終身の保障が必要になります。

2. 納税資金対策

前述した通り、生命保険金には、「５００万円×法定相続人の数」まで非課税金額がありますので、この非課税枠を利用して、死亡保険金を相続税の納税資金として利用することも考えられます。

この場合も、保険の種類は終身保険がいいでしょう。自分自身が終身保険の契約者・被保険者になり、保険金の受取人を法定相続人にすれば、受け取った死亡保険金は相続税の課税対象になりますが、非課税枠があるので、現金や預貯金で相続税の納税資金を準備するよりも有利になります。

また、これ以外の生命保険の利用法として、保険料を贈与した利用法があります。
例えば、親が子どもに保険料を現金で贈与します。年間110万円までの贈与には贈与税がかかりませんから、毎年非課税になる範囲で現金贈与します。

そして贈与してもらった現金で子どもが、次のような契約方法で生命保険（終身保険）に入ります。

・契約者：子ども
・被保険者：親
・保険金受取人：子ども

この契約形態だと、親が死亡したときに子どもが受け取る死亡保険金は、一時所得になって所得税と住民税がかかります。一般的に相続税よりも所得税のほうが税率は低く、一時所得には50万円の特別控除もありますから、税金の負担が少なくて済みます。

法人契約の生命保険の選び方と種類は？

――法人で契約する場合にも保険の加入目的が大切に

生命保険は、個人が契約するものだけではなく、会社が契約する保険（法人契約）もあります。法人契約の場合は、保険の種類によっては、払い込んだ保険料が会計の上で費用となるため「損金」にできる場合があり、節税につながります。

そのため、法人が契約する生命保険は、保険料をどの程度、損金として取り扱うことができるのかがポイントです。保険料を損金にできる割合が高ければ、節税になり、キャッシュフローの改善にもつながります。

では、法人契約の場合はどのように保険を選べばよいのか？

それは、個人契約の保険と同じで「保険の加入目的」を考えることが大切です。経営者が万一のときの事業資金の確保なのか、経営者や役員の退職金準備のためなのかなど、保険に加入する目的によって選ぶ保険の種類が変わってきます。

加入目的が明確になったら、保障額（保険金額）を決めましょう。退職金はいくら必要か、経営者としての自分がいなくなっても、会社を存続させ、社員を雇用していくためにはどれくらいの資金があればいいのかを考えます。その上で、その保障がいつまで必要なのか（保険期間）も同時に検討します。

法人契約の保険にはどんな種類がある？

法人が契約する保険は、保険の目的や課税関係によって3つの保険が考えられます。それが「終身保険」「定期保険」「養老保険」の3つの保険です。

法人が保険契約するときのチェックポイント

保険の加入目的	退職金の準備・事業継続資金・節税対策
保障額（保険金額）	退職金の金額・会社を続けるのに必要な金額
保障が続く期間（保険期間）	いつまで（何歳まで）必要か？
保険の種類	終身保険・定期保険・養老保険

1. 終身保険

終身保険は、役員・従業員の遺族への死亡保障や、事業保障として利用されます。被保険者を会社の役員や従業員、死亡保険金の受け取りを法人や被保険者の遺族にして契約します。保険金の受取人が会社（法人）であれば、払い込んだ保険料の全額が資産計上になりますが、被保険者の遺族が受取人の場合は、払い込んだ保険料は役員や従業員への給与となりますから、損金にすることができます。

2. 定期保険

定期保険も、終身保険と同様に、役員・従業員の遺族への死亡保障や、事業保障として利用されますが、課税関係が変わります。逓増《ていぞう》定期保険や長期平準定期保険以外の定期保険で、法人が死亡保険の受取人であれば、被保険者は役員・従業員の誰になっていても払い込んだ保険料は、全額損金になります。

また、特定の役員・従業員を被保険者にして、死亡保険金の受取人を、役員・従業員の遺族にした場合でも、損金算入することはできます。ただし、その場合は、払い込んだ保険料は役員・従業員の給与として取り扱われるので、役員・従業員には所得税がかかってきます。ちなみに、被保険者をすべての役員・従業員にした場合には、福利厚生費として損金算入が可能です。

3. 養老保険

養老保険は、役員・従業員の福利厚生プランとして利用されます。養老保険は、死亡保険金と満期保険金の2つの保険金がありますが、死亡保険金を役員・従業員の遺族、満期保険金を法人にして契約すると、払い込んだ保険料の2分の1を損金算入することができ、残りの2分の1を資産計上することになります。そのため、ハーフタックスプランと呼ばれることもあります。

ただし、全従業員を対象にするという条件がつきますので気をつけましょう。

目的別に法人で契約する生命保険

――事業保障としての生命保険

会社の中でも、とくに中小企業では経営者の能力によって経営状態や業績が左右されるケースは多いでしょう。先頭に立って会社を引っ張る経営者に万一のことがあった場合には、会社の事業を継続するためには、資金面の問題や売り上げの減少、次期経営者への事業継承のために、一時的な資金が必要になります。

そのようなときのために、経営者は生命保険で備える必要があるのですが、どのような保険に加入して、どの程度の保障（保険金額）が必要なのかを考えてみましょう。

まず保険の種類ですが、一般的には保険料の安い定期保険が選ばれます。一定期間、大きな保障を得ることができて、資金が必要な期間に合わせて加入することが可能です。また、満期が来ても必要があれば更新できる場合もあります。

また、保険金額を決めるときの目安については、

・経営者が万一のとき、会社の運営資金としてどれくらいの金額が必要か

・事業用の借入れがあるときは、借入額を保険金額にする

などが考えられます。

例えば、借入金を目安にして、保険金額を設定する場合には、借入金の総額は毎年減っていきますから、生命保険も毎年保険金額の減っていくものが理想になります。

そんなときにぴったりなのが、逓減《ていげん》定期保険です。保険金額は期間の経過によって、次第に減って（逓減）いきますので、借入金の減少に合わせて利用することができます。

また、通常の定期保険に比べて、保険料が割安なこともメリットです。

さらに、収入保障保険も利用できます。死亡時には、保険金を毎月あるいは毎年といったように年金形式で受け取るので、保険料は逓減定期保険と同様に割安になっています。

退職金準備としての生命保険

役員や従業員の退職金を、福利厚生の一環として、生命保険で準備することができますが、この場合に利用されるのは養老保険です。死亡保険金と満期保険金があるので、会社の福利厚生として利用しやすい保険です。

このような、養老保険を利用した退職金準備は、福利厚生プランまたはハーフタックスプランとも呼ばれます。養老保険の保険期間は、一般的には退職時期に合わせます。

例えば、従業員が死亡したときには死亡退職金や弔慰金として、途中で退職した場合には、解約返戻金を生存退職金に、定年のときには満期保険金を定年退職金として利用するなど、柔軟な活用法が考えられます。

また、前述したように、全従業員を保険の対象にして、死亡保険金を役員・従業員の遺族、死亡保険金を法人にして契約すると、払い込んだ保険料の2分の1を損金算入することができるので、節税と福利厚生の準備が同時にできることもメリットでしょう。

保険料を損金算入するには、原則として保険の加入者は全員にしなければなりません。そのため、一部の従業員に限定するような加入は避けましょう。例えば、

・特定の役員や従業員だけの加入
・男性と女性で保険金額に差をつけている
・課長以上など、役員のみの加入

これらの契約方法だと、損金算入できなくなる可能性が高くなります。

ただし、一定の基準を設けて加入対象者を絞ることはできます。例えば、勤続5年以上といったような基準です（普遍的加入ともいいます）。

また、福利厚生プランで忘れてはならないことは、従業員の退職金などの社内規定をしっかりと用意すること。規定がないと、何のために保険で積み立てをしているのかが不明確になり、損金算入ができなくなる可能性もあります。

RK
CONSULTING

監修者から⑧

人生に関わるすべてのことを扱うために保険業界へ

保険業界に入る前は、地元の銀行（信用組合）に21年間勤めていました。仕事が大好きで誇りも持っていましたので、正直とくに保険業界に興味はありませんでした。あるとき、外資系保険会社の視察を受け、それがきっかけで約1年半にわたり数社からヘッドハンティングの話をいただきました。でも生命保険なんて胡散臭《うさんくさ》い世界だと、まったく心が動きませんでした。

ところが、その後自分でも勉強するうちに保険に対する見方が変わったのです。銀行は、お客様の夢を叶えられる存在だと長らく信じていましたが、よく考えると銀行はスポット的なニーズに対応す

貝瀬 朗

Akira Kaise

新潟統括マネージャー
長岡支社長

日本FP協会会員AFP
2級ファイナンシャル・プランニング技能士
宅地建物取引主任者

るだけです。対する保険は、一生涯をすべてコンサルすることができます。しかも銀行のように、お客様を個人単位で捉えるのではなく、お客様を家族（世帯）で捉え、ご家族の幸せ全般のお役に立てるプランを共に探ることができます。

それに気がつき、トータル的なコンサルは生命保険業界でこそできると確信したんです。その後、外資系保険会社に7年半在籍し、現職に至ります。

生命保険にしかできないことがあります
～相続のために使う生命保険～

相続税対策を考えるなら、間違いなく生命保険は有効です。生命保険は相続人の固有財産とされ、また非課税額も定められており、国から認められているものです。要は国が「生命保険を使いなさい」と言っているようなもの。これは他の金融商品ではダメで、生命保険にしかできないことです。

でも相続税というよりは、その手前の相続そのものについて考えなければいけないと思います。確かに基礎控除額が下がったため、相続税を納めなければならない方は増えるでしょう。とはいえ年間100万人ほどの方が亡くなる中で、納税者は5~6%程度です。それ以上に注目すべき点は、相続トラブルで何らかの争いに巻き込まれるケースがどれくらいあるかという事実です。じつは毎年20万件以上といわれていて、その確率のほうが納税するケースよりはるかに高い。ましてや何億も納める人が裁判所に駆け込むのではなく、相続額が5000万円以下の方がトラブルになる事例が圧倒的に多い。これは意外と知られていませんよね。

遺産が多くある場合は残される額も多いわけですから、争い事は起こりにくい。でも残される資産が少ない方ほど争いになりやすく、今後はトラブルも増えていくと思います。ですから生命保険による備えが有効となるわけです。

というわけで問題が起きてからではなく、今から相続も含めたライフプランニングをすることが大切。ひとつの相続が元で、親戚縁者がその後一生気まずい思いで生活するのと、きちっとプランニングしておいて仲良く生きていくのとどちらがいいか。私たち生命保険業者は安心を提供しています。本当にお客様のことを考えて、さらにそのお客様の遺族が長く仲良く過ごせるように、ということも常に考えて仕事をしています。

おわりに

長崎 亮（株式会社ＲＫコンサルティング 取締役専務）

続けるためにどうするかを考えれば Ｗｉｎ－Ｗｉｎの関係はおのずと創られる

最後までお読みいただき、ありがとうございました。

10年後に後悔しない保険の選び方・使い方を、日々お客様と接している保険代理店の立場からお話しさせていただきました。

これまで保険は身内から入ったり、友人知人から入ったりするパターンが多かったと思いますが、現在は時代背景のもと、むしろ知り合いからは入りたくないという方が増えています。例えば「主人がリストラされた」とか「収入が減ったので保険を見直したい」といった話は、身近な人には知られたくないですよね。まったく関係のない人間のほうが話しやすいですし、自宅まで来てくれれば、店舗での相談のように他のお客様を気にする必要もなくプライバシーが守られます。そんなお客様のニーズに応えられるよう、私たちRKコンサルティングは訪販型のスタイルで活動しています。

RKコンサルティングの社名は、創業メンバーである私と弟のイニシャルから取りました。兄弟揃ってサラリーマンには向かず、紆余曲折《うよきょくせつ》の末、「自分たちで人を育てる環境を作るしかない」と思い創業に至りました。

二人共体育会系で育ったので、下の人間を使い倒して上が利益を全部取るような組織の構造が肌に合いませんでした。なので弊社を立ち上げるときも、私が営業、弟がインターネット業、仕事も報酬もすべて折半という形を取ったんです。

自分が一位になるのはじつは簡単。人を押しのけたり騙したりすればいいのですから。でもそうすると絶対に組織は続かないということを二人とも経験してきましたので、稼ぐためにどうするかではなく、仕事を続けていくためにどうするか、ということを理念の中心に据えています。

そのひとつの証明として、創業期のメンバーもそれ以降の人間も、これまで誰一人辞めずに続けてくれています。続く企業に育てるためには、お客様との関係はもちろん、社員の家族ともＷｉｎ-Ｗｉｎの関係でなければいけないと考えています。就業規則の中に「自分の妻、あるいは子どもの誕生日に働いてはいけない」という項目があるのはそのためです。また解雇規定もありませんし、定年退職制度もありません。本人と家族が安心して働き暮らせる環境を用意するのが私共の使命のひとつです。

また弊社の一番の強みは、売れない人間の悩みがわかることです。「売れなかった営業マン」がほとんどなので、どんな人でも優秀な人材に育てる自信があります。営業をやっていて売れないとサボりたくなる。なので最初はサボり方を教えて、そのあと「でもこれをずっと続けていても仕方ないよね」「だから仕事頑張ろうか」と教えていきます。

とくに採用したいのは、現在問題を抱えている方。シングルマザー、借金を抱えている人、やる気はあるのに誰かに潰された人、夢を持っている人、勢いしかない人（笑）、とにかく何かが欠けていて何かが強い人間が大好きです。私たちには、そんな方たちを十分に食べさせていく自信があります。

経営に関しては、高校時代から8年間続けたラグビーに学ぶことも多いです。ラグビーは自分を犠牲にしてでも仲間を前に進ませます。また太めで足が遅い奴じゃないとできないポジションもあれば、背が高い奴じゃないと務まらないポジションもある。適材適所のスポーツなんですね。前に進まないといけないのに、後ろにしかパスできないというのも会社経営に通じるところがあります。

弊社は現在全国展開を進めていますが、日本という国は狭くて四季があります。猛暑のときは南で営業活動が落ち込むし、真冬には豪雪地域の営業が厳しくなります。でも全国津々浦々に仲間を配することで、落ち込んでいる地域の分を他の地域で補い、Ｗｉｎ－Ｗｉｎの関係につなげることが可能となります。これも適した者が適した場面・場所でやればいいという、ラグビーに似た発想かもしれません。

訪販型は時代のニーズに最も合ったこれからのスタイル

今後のビジョンは２つ。ひとつは訪販型の生命保険で日本一になることです。まだまだトップとの差はありますが、数年の間に必ず実現できると認識しています。そのためにも、全国に同じ志を持つ仲間を増やし、拠点を日本中に配備する支社展開を進めます。

仲間を増やすにあたり、これまで同様必ず続けたいのは採用面接で配偶者とも会うこと。独身ならばご両親、ご兄弟に必ず会います。お子さんの夢を伺ったりもします。社員はもちろん、その家族すべての将来を背負い込んでいけるのが経営者の器だと思っていますから。

もうひとつのビジョンは、この千葉県市川市に貢献することです。私たち兄弟がまっすぐ育つことができたのはこの地のおかげですし、幼少期の教育は何よりも大切。現状、幼稚園は一人当たりの遊び場面積が定められていますが、保育園は公園で代用するところも多く、十分な遊び場が確保されていません。ナイター設備のあるグラウンドを作り、そこで遊んで育った子どもたちが地元の企業に勤めてくれたらいいなという夢を描いていますが、そんな構想があるからこそ、さらに信頼される企業へと成長していく必要があると考えています。

著者プロフィール

西藤 広一郎（さいとう こういちろう）

1978年、千葉県市川市生まれ。高校時代の3年間はラグビーに打ち込む。その後、リクルート系の広告代理店に入社し、マンションデベロッパー向けのセールスプロモーションに長く携わった後、長崎氏の誘いを受け、外資系生命保険会社へ転職。2005年、有限会社RKコンサルティング（現・株式会社RKコンサルティング）創業と同時に代表取締役に就任し、現在に至る。

長崎 亮（ながさき りょう）

1975年、千葉県市川市生まれ。代表取締役の西藤氏とは同じアパートの幼なじみ。高校から大学まではラグビーに打ち込む。大学卒業後、大手自動車販売会社へ入社。トップセールスとして活躍後、先輩からの要請を受け、外資系生命保険会社に転職。2005年、西藤氏と有限会社RKコンサルティング（現・株式会社RKコンサルティング）創業。同時に取締役専務に就任し、現在に至る。

10年後に後悔しない
保険の選び方・使い方

2016年3月15日　第1刷発行

著　者　西藤広一郎　長崎 亮
発行者　見城 徹

GENTOSHA

発行所　株式会社 幻冬舎
〒151-0051 東京都渋谷区千駄ヶ谷4-9-7

電話　03(5411)6211(編集)
03(5411)6222(営業)
振替00120-8-767643
印刷・製本所：株式会社 光邦

検印廃止

Printed in Japan
ISBN978-4-344-02919-4　C0095
幻冬舎ホームページアドレス　http://www.gentosha.co.jp/

この本に関するご意見・ご感想をメールでお寄せいただく場合は、
comment@gentosha.co.jpまで。